Saison
La revue des séries

2021 – 2, n° 2

Saison

La revue des séries

La fin des séries

PARIS
CLASSIQUES GARNIER
2021

DIRECTEUR DE LA PUBLICATION

Claude BLUM

RÉDACTEUR EN CHEF

Emmanuel TAÏEB

RÉDACTRICE ET RÉDACTEUR EN CHEF ADJOINTS

Charlotte BLUM, Ioanis DEROIDE

COMITÉ DE RÉDACTION

Charlotte BLUM, Marjolaine BOUTET, Nicolas CHARLES, Claire CORNILLON, Olivier COTTE, Ioanis DEROIDE, Benjamin FAU, Antoine FAURE, Pierre JACQUET, Emmanuelle JAY, Damien LEBLANC, Emma SCALI, Gilles VERVISCH

RESPONSABLE DE LA RUBRIQUE LIVRES

Charlotte BLUM

GANG DES PARRAINS ET MARRAINES

Éric BENZEKRI, Benjamin FOGEL, François JOST, Valérie LAVALLE, Frédéric LAVIGNE, Charline de LÉPINE, Pacôme THIELLEMENT

SECRÉTAIRE D'ÉDITION

Félix LEMIEUX

CONTACT

emmanuel.taieb@sciencespo-lyon.fr
Classiques Garnier
Saison. La revue des séries
6 rue de la Sorbonne
75005 Paris

ISBN 978-2-406-12608-9
ISSN 2780-7673

SOMMAIRE

SÉRIES-THÉRAPIE / *THERAPY SERIES*

RUBRIQUE LIVRES / *BOOKS REVIEW*

ÉDITORIAL

Les séries ne meurent jamais

> Je hais le mouvement qui déplace les lignes,
> Et jamais je ne pleure et jamais je ne ris.
> BAUDELAIRE, « La Beauté ».

La « fin des séries » que ce numéro thématique explore ne concerne évidemment pas leur disparition comme format – puisqu'au contraire il semble même gagner le cinéma avec des films feuilletonnants et autres sagas super-héroïques –, mais bien les enjeux du dernier épisode, voire de la dernière saison[1]. Historiquement, nombre de séries américaines se calaient sur le cycle des saisons, ou disons celui des fêtes, avec une épisode spécial diffusé pour Halloween et un autre pour Noël, dont le scénario même se faisait l'écho. La puissance des séries tient littéralement à leur dimension rituelle, à leurs rendez-vous réguliers, et à la promesse de leur présence, à l'instar d'autre mystiques collectives, comme les sorties de films ou d'albums, les saisons du championnat de football et le temps religieux. L'éternel retour de nouveaux épisodes d'une série pourtant ancienne permet d'accompagner les spectateurs sur une vie entière. *Des jours et des vies* (*Days of our Lives*) place cette vocation dans son nom même, et se poursuit depuis 1965. Avec de multiples modifications et castings, *Dr Who* tient depuis 1963, tandis que par le jeu de ses adaptations au cinéma et de ses *spin-offs*, l'univers de *Star Trek* se déploie sur plus d'un demi-siècle. L'usine à rêves et le désir de rêver marchent main dans la main, tant que chacun a intérêt à ce que rien ne s'arrête. La sérialisation des pratiques de consommation est un phénomène hyper contemporain, qui cache mal parfois aussi des formes de conservatisme ou un manque d'imagination, de l'incapacité à découvrir un autre univers sériel du côté des spectateurs à l'incapacité à en proposer de nouveaux pour les producteurs.

---

1   La revue doit à Gilles Vervisch cette proposition de dossier thématique.

Par leur étendue infinie, les séries constituent la bande visuelle de générations entières, et leur évidente familiarité rend plus douloureuse leur disparition. Car si le genre sériel se cale sur une interminable temporalité, une série donnée peut s'arrêter, parfois brutalement. Pour de multiples raisons d'ailleurs, qui tiennent à la volonté initiale des *showrunners* de clore leur propos, à son épuisement, à des échecs d'audience, à la disparition de personnages, d'acteurs ou de créateurs qui dénature irrémédiablement la formule originelle, à des difficultés de production ou encore au choix assumé de mettre fin à une série pour des raisons commerciales. On mesure dans ce dernier cas tout le décalage qui peut exister entre une décision purement économique et ses effets artistiques délétères. Ses effets émotionnels aussi, tant le sentiment de séparation (amoureuse), d'abandon, de trahison, de frustration, de deuil – voire de sevrage quand chaque épisode fonctionnait comme un shoot de drogue dure –, naît lorsqu'une série s'éteint.

À la différence d'autres arts, la série est une œuvre dont l'achèvement n'apparaît que dans la durée. On peut bien sûr considérer chaque épisode comme une œuvre close, même quand la série est un feuilleton dont le récit se poursuit, et les scénaristes s'efforcent de lui donner une cohérence et de le « faire tenir » (c'est le sens même de l'expression *stand alone episode*). La forme de la dernière saison ou du dernier épisode, cependant, révèle rétrospectivement l'essence interne de la série et en livre le sens ultime. L'enjeu n'est pas celui d'une *happy end* diégétique, ou d'une cohérence narrative absolue, mais bien celui d'une satisfaction des spectateurs, qui tient à l'impression que la fin « boucle » convenablement la narration, que les pistes et intrigues ouvertes sont bien toutes refermées, et que les éléments que l'existence même de la série avait bousculés sont revenus à leur place. C'est le moment où la série fait système. Où ce qui se tient entre le premier et le dernier épisode paraît secondaire, tant ces deux pôles du récit se répondent directement, l'un ne servant à fermer ce que l'autre a ouvert, et vice-versa, dans un dialogue sans fin, et parfois en profitant du *finale* pour « déformuler » ce que le pilote avait proposé[2]. Chaque épisode retarde l'inéluctable, et avance des tensions et des achèvements intermédiaires qui rendront l'exercice de l'épilogue moins hasardeux. Dès lors, le dénouement éclaire toute l'œuvre, lui confère sa puissance, réfléchit à l'idée même de fin, ou au contraire en réduit la portée si elle est décevante, ou, de façon

---

2   Vladimir Lifschutz, *This is the end. Finir une série TV*, Tours, Presses Universitaires François Rabelais, 2018, p. 53 et p. 276 et *sq.*

insondable, si elle n'est pas « conforme aux attentes ». Des fans ont ainsi demandé la réécriture complète de l'ultime saison de *Game of Thrones*, et après l'épisode final de *Lost* le reproche le plus dur adressé à Damon Lindelof fut d'avoir fait perdre des années de vie à celles et ceux qui l'avaient suivie. Souterrainement, cette dernière remarque dit bien tout le rapport entre série et temps. À la limite, la meilleure série serait celle qui n'aurait pas de fin, qui serait tellement longue que chacun de ses spectateurs mourrait avant elle, n'éprouvant jamais l'expérience de sa disparition. Car lorsqu'une série s'arrête elle rappelle violemment l'impermanence des choses, la mortalité de ceux qui la contemplent, et renvoie définitivement à un paradis perdu. La perspective qu'un récit puisse apporter des réponses définitives à toutes les intrigues complexes qu'il a ouvertes est vaine cependant, puisque par définition le monde fictionnel est incomplet et limité[3]. Toute herméneutique qui confierait à la fiction le soin de révéler le réel est illusoire. Il est en tout cas difficile d'être contemporain d'une série, de ses changements, de son irrésolution, éventuellement assumée, et de sa disparition, et mieux vaudrait s'enivrer d'œuvres désormais achevées et balisées.

Pour autant, la fin d'une série n'est qu'apparence, car tout continue. Des séries différentes « font séries », au sens où la fiction ne doit jamais s'arrêter, ni l'industrie cinématographique. OCS réalise un coup de maître en diffusant *Chernobyl*, avec le succès que l'on sait, juste après la fin de *Game of Thrones*. Pour une mort, chaque série peut connaître neuf vies, transmédiatisée, déclinée sur divers supports, renaissant par un *reboot* habile, un *spin-off* ou un *prequel*. Poursuivant aussi son destin commercial et artistique par ses rediffusions et son édition en coffret vidéo qui permettent de les revoir indéfiniment et d'expérimenter les mêmes sensations, un peu émoussées, encore et encore[4]. Au fond, les séries ne meurent jamais, et ce numéro de *Saison* en est un témoignage.

Emmanuel TAÏEB

---

3   Florent Favard, *Écrire une série TV. La promesse d'un dénouement*, Tours, Presses Universitaires François Rabelais, 2019 ; p. 118.
4   Même si nombre de séries, importantes parfois, sont difficiles à trouver et à voir, bénéficiant d'une moindre exposition que les films.

DOSSIER

FIN DE SÉRIE…

Lorsqu'il a été question, dans ce numéro de *Saisons*, de parler de la fin des séries, en tant que psychanalyste et psychopraticienne, je me suis immédiatement dit qu'il y avait là un vrai sujet, quasi philosophique.

Une série, c'est quoi ? Un rendez-vous hebdomadaire. Un moment de retrouvailles avec des personnages et leur(s) histoire(s). C'est au XIXe siècle que le roman feuilleton fait son apparition. Et les gens en raffolent, parce qu'il y a l'idée de ce rendez-vous avec du connu et en même temps avec de la surprise. La série nous rassure. Elle nous fait entrer dans un imaginaire qui devient rapidement familier. Nous en comprenons les codes et nous aimons y retourner. Comme les enfants aiment que leurs parents leur racontent régulièrement les mêmes histoires. Pourquoi ? Parce que cette répétition nous permet d'explorer l'univers que nous appréhendons, via la série ; et ainsi de nous explorer nous-mêmes.

Qu'en est-il alors de la fin des séries ?

La fin implique la séparation : le fait de ne plus avoir ces rendez-vous. Or dans les séries, c'est un peu comme dans la vie. Certaines séries se termineront, auront une fin choisie par les auteurs de façon délibérée, pour clore, finir un cycle. D'autres ne se finiront jamais. Elles auront juste été arrêtées, faute d'audience. Elles seront « ruptures ». Cela est très inconscient, mais la fin des séries nous renvoie intimement à la question de notre propre finitude. À la mort.

En effet, dans la vie aussi, certaines personnes terminent leur vie, en pouvant préparer leur départ, parce qu'elles sont malades, par exemple. D'autres sont surprises. Arrachées à l'existence. Et les rendez-vous avec elles ne sont plus possibles.

Bien que nous n'y pensons pas en permanence, la conscience sous-jacente de la mort est là. Et notre engouement pour les séries nous le rappelle d'autant plus qu'elles sont le lieu privilégié de l'exploration d'une problématique : une difficulté existentielle, un conflit chez le personnage entre son besoin et ses désirs, une contradiction entre là d'où il vient, qui il est ou croit être et où il pense vouloir aller. La lutte interne est au cœur du principe sériel. Pourquoi ? Parce que celui-ci permet une exploration infinie (ou presque) des réponses possibles aux interrogations de l'existence : peut-on aimer totalement sans se perdre ? Peut-on s'affirmer sans écraser les autres ? Comment faire face à ses ombres ? Aux parts noires de soi-même ? Aux pulsions qui nous agitent ? La série ne peut proposer une vision trop manichéenne : elle invite aux nuances...

Les saisons sont construites autour des arches des personnages, et dans le fond, les personnages ne changent pas, ils évoluent légèrement, mais restent sensiblement les mêmes ; comme nous. Ils se rencontrent eux-mêmes à l'occasion des autres, comme nous, spectateurs, nous nous rencontrons nous-mêmes à l'occasion des personnages, de leurs folies, de leurs richesses et de leurs failles. C'est cela que nous aimons chez eux, cette exploration de notre inconscient : celui qui nous échappe et que la série donne à voir, à travers les conflits, les loyautés, les combats intérieurs et extérieurs, les deuils aussi. Aujourd'hui, les séries mettent en scène des personnages de plus en plus complexes. Les auteurs se forcent à explorer les pathologies psychiques de nombre d'entre eux (la bipolarité de Carrie dans *Homeland*, la psychopathie de Dexter, la perversion narcissique de Walter White, dans *Breaking Bad* ou celle de Francis Underwood, dans *House of Cards*). En procédant ainsi, ils nous permettent de caresser nos parts sombres, de les toucher, de les comprendre, et même peut-être de les aimer.

Certaines séries abordent la question de la finitude avec beaucoup d'acuité, parce qu'elles nous mettent face à l'éphémère de l'existence. Qu'il s'agisse de *Six Feet Under*, il y a plusieurs années, ou de *Game of Thrones* récemment, qui met à mal beaucoup de personnages en les sacrifiant, cette question est explorée par nombre de fictions contemporaines, notamment américaines. Pourquoi ? Parce que la mort est un phénomène universel et ontologique qui détermine l'existence, mais que nous dénions dans nos sociétés occidentales contemporaines.

Heidegger disait que nous étions des « êtres-pour-la-mort » : autrement-dit, la mort, dans sa possibilité, est une « manière d'être », pas seulement une conscience fugitive et tardive mais une modalité d'être. « Dès qu'un humain vient à la vie, déjà, il est assez vieux pour mourir », écrivait-il.

Dans une société du jeunisme, où « Dieu est mort » pour reprendre cette fois les mots de Nietzsche et où l'attitude majoritaire est « dénégatoire » vis-à-vis de la mort, les séries remettent cette question au cœur de nos représentations.

Avec une vision finalement plus positive dans *Six Feet Under*, qui offre une pertinence particulière sur le sujet, en rendant compte de ce que la mort, dans tout ce qu'elle implique, nous fait vivre, et nous exhorte à *choisir* de vivre désormais. Avec une conception plus radicale, dans *Game of Thrones*, qui aborde davantage les questions de pouvoir, et rend notre questionnement sur la mort encore plus accru, dans une période où ces enjeux sont ceux de notre monde plus que jamais en quête de sens (au sens à la fois de signification et de direction). Car cette quête fait partie des contraintes existentielles qui nous orientent, quoiqu'il arrive. Vivre est absurde… sauf à y voir un passage vers un autre monde ou à y attribuer, dans une démarche existentielle, un sens non pas à trouver mais à donner de son vivant, par les actes que nous commettons.

Ainsi, la mort de Ned Stark plante d'emblée le décor : celui d'un univers où le personnage qui semble principal est exécuté… Pourquoi ? Parce que la mort peut advenir à tout instant et sans prévenir. Ici l'enjeu n'est pas l'empathie mais l'exploration d'un univers où ce qui domine n'est pas tant l'humain que la quête de pouvoir : un jeu de trône. Y a-t-il encore, alors, un sens à l'existence ?

Je n'ai pas la réponse à une telle question évidemment. Mais ce dont je suis certaine, c'est que les séries nous permettent l'exploration de ces questions philosophiques profondes.

Les interrogations que nous saisissons grâce aux séries constituent au fond ce que nous avons en commun avec les autres humains : le langage, les relations, les valeurs, une façon de voir la vie, de considérer le temps qui passe, d'embrasser l'amour (ou pas), de s'engager ou de se défausser, de faire corps ensemble ou cavalier seul, etc.

Les séries, pour reprendre la pensée de la philosophe Sandra Laugier, nous questionnent sur la morale et le dépassement de soi. Elles posent des questions éthiques et métaphysiques. Or il est certain que l'exploration de notre finitude en fait partie. Car avec elle, se pose évidemment la question des autres contraintes existentielles qu'elle implique et que sont la solitude absolue d'être au monde (de venir seul et de repartir seul quoiqu'il en soit), la liberté, la responsabilité qui en découle, et enfin la quête de sens, évoquée plus haut.

Les séries nous permettent d'explorer cela, d'y revenir et d'y revenir encore alors quand elles s'arrêtent, c'est comme un deuil brutal ou plus doux. Mais un mini-deuil tout de même ! C'est pourquoi nous devons en profiter *entre-temps* et nous délecter de ces moments cathartiques puissants… car au fond – et ce sera le mot de la *FIN* (c'est le cas de le dire, n'est-ce pas ?) – « thérapeutiques »…

…dixit la psy que je suis !

Emma SCALI

« OUR MEMORIES I'LL TREASURE FOREVER »

La fin de *Clair de Lune*, *Urgences* et *Ally McBeal*

Il n'est pas simple de décrire l'expérience de la fin d'une série qui nous a accompagnée pendant plusieurs années, après 5, 6, 7 voire 15 saisons et plus. On pleure souvent, parfois de tristesse, parfois de nostalgie, parfois d'émotion tout simplement. Il s'agit d'une expérience individuelle, mais aussi, dans un contexte de diffusion télévisuelle synchronisée, d'une expérience collective. Les fans se préparent ensemble à la fin[1], l'attendent, en parlent. Puis, une fois diffusée, ils et elles la commentent, se la remémorent, etc. Ce n'est en tout cas pas un moment anodin et le vocabulaire employé le montre bien. On parle de « faire le deuil » d'une série, de « dire au revoir » à ses personnages, parce qu'ils et elles vont nous manquer. Qui n'a pas connu cette expérience pourrait s'en étonner, mais la série a cette caractéristique d'accompagner nos vies dans nos joies, dans nos inquiétudes, dans nos douleurs, en particulier celles qui s'inscrivent dans une temporalité du quotidien et dans une temporalité longue. *Urgences* ou *Ally McBeal* ont été de celles-là, de celles qui induisent une connaissance intime des personnages ainsi qu'un lien émotionnel particulièrement fort avec eux. Il se tisse donc une relation, au sens fort du terme, entre nous et celles et ceux que nous regardons. Lorsqu'une série se termine, après des dizaines voire des centaines d'épisodes, il nous faut dire au revoir à cette relation et à ces personnages, qui n'existeront plus que dans nos mémoires et dans les histoires que nous nous raconterons, individuellement et collectivement. Des livres importants sont sortis récemment qui analysent cette question de la fin, celui de Vladimir Lifschutz et celui de Florent Favard[2].

---

1   On l'a très bien vu récemment avec l'exemple de la série *Supernatural* qui s'est terminée en 2020 après 15 saisons. La communauté de fans avait anticipé le sentiment de deuil qu'occasionnerait cette fin et de nombreux messages de fans invitaient à se soutenir les uns les autres dans ce moment.

2   Vladimir Lifschutz, *This is the End. Finir une série TV*, Tours, PUFR 2018 ; Florent Favard, *Écrire une série TV. La promesse d'un dénouement*, Tours, PUFR, 2019.

Pour poursuivre leur réflexion, je voudrais évoquer ici des séries qui ont conscience des processus de leur propre fin et construisent un discours d'accompagnement des publics dans leurs derniers épisodes autour de la question du deuil[3].

Déjà, *Clair de Lune* (*Moonlighting*, Glenn Gordon Caron, ABC, 1985-1989) mettait en scène, de manière réflexive, cette question de la fin. Dans cette série très novatrice, et qui influencera d'ailleurs *Ally McBeal*, les protagonistes sont conscients d'être des personnages et le quatrième mur est constamment brisé. La caméra n'hésite pas à se retourner vers l'équipe de tournage alors que les personnages sont contents de retrouver leurs publics en début de saison. Dans ce contexte, la fin de la série est un moment-clef de réflexivité. Le dernier épisode met en scène la disparition de la série et des personnages, et le deuil nécessaire pour les spectateurs et spectatrices. Maddie (Cybill Shepherd) et David (Bruce Willis) apprennent que la série est annulée et font alors tout ce qui est en leur pouvoir pour la sauver. « *We can't vanish in thin air. What are they going to do without us ?* » (On ne peut pas disparaître. Que vont-ils faire sans nous ?), s'inquiète Maddie en jetant une fois de plus un regard caméra. Et un producteur lui répond : « *Don't worry about them. They'll be fine.* » (« Ne vous inquiétez pas pour eux. Tout ira bien ».) « Eux », ce sont bien sûr les spectateurs et spectatrices. En rassurant les personnages, la série nous rassure donc aussi. Maddie et David peuvent alors accepter la fin tout en prenant le temps de célébrer ce qu'ont été les cinq années qu'ils ont passé ensemble. La question de la mémoire, centrale, est à la fois une reconnaissance nostalgique du parcours, mais aussi l'idée d'un état à venir : les personnages continueront de fait à exister, comme des souvenirs que l'on chérit. Sur la chanson « Goodbye » interprétée par Ray Charles et Betty Carter, un montage d'images rappelle les épisodes des saisons passées : « *Our memories I'll treasure forever* », « *And we'll be together again* ». Dans un moment de célébration mélancolique de ce qui a été vécu se dessine l'idée que c'est désormais dans la mémoire, dans notre mémoire, que vivent les personnages. La série thématise donc la question de sa propre fin et s'organise même pour préparer les publics à ce moment, dans une forme d'accompagnement. On retrouve ces

---

3   Cet article s'appuie sur une communication que j'ai présentée dans le cadre du séminaire du MHiC-Lab, animé par Guido Furci à l'Université Sorbonne Nouvelle – Paris 3, le 14 décembre 2020.

éléments (accompagnement des publics, mise en scène d'un au revoir, rapport à la mémoire) dans de nombreuses séries, et notamment dans les deux exemples qui vont m'occuper désormais. En effet, d'autres fins de séries explorent encore davantage cette question du deuil par le biais du motif de la mort du personnage. C'est le cas de la fin d'*Urgences* qui revient ainsi une dernière fois sur la mort du Dr Greene dans ses dernières secondes, ainsi que de la fin d'*Ally McBeal*, autour de l'acceptation de la mort de Billy.

Urgences (*E.R.*, Michael Crichton, NBC, 1994-2009), une série qui a marqué un tournant dans la représentation des hôpitaux dans la fiction sérielle américaine, a été diffusée pendant quinze ans. Quinze années de fiction, mais aussi quinze années d'une réception collective due au succès immense de la série dès ses débuts : ce n'est évidemment pas une expérience anodine. *Urgences*, ce sont bien sûr les plans-séquences menés à toute allure et le réalisme du vocabulaire technique, mais c'est aussi une équipe de personnages, dont certains resteront durant de nombreuses saisons et auxquels les spectateurs et spectatrices se sont attachés. Dans cette série chorale, on peut cependant s'arrêter sur le cas de deux personnages, dont le statut particulier est convoqué précisément dans le dernier épisode de la série : John Carter, puisque la série commence avec son arrivée au service des urgences du Cook County, et Mark Greene, son mentor, qui décède dans la saison 8[4]. Ils représentent tous les deux une certaine image d'une médecine empathique et proche des patients. La mort de Mark Greene marque ainsi un tournant dans la série. Or, le final remet au centre à la fois Carter et le souvenir de Mark Greene pour boucler la boucle et revenir à la première phase de la série, avec la mémoire du temps qui a passé.

Le final se pose ainsi en miroir du pilote, ce qui est assez fréquent dans les séries, précisément parce que ce moment de la fin est le moment où la fiction se pose comme un tout, désormais saisissable dans son intégralité. Le premier épisode s'ouvrait sur des images du Dr Greene en train d'essayer de dormir dans une salle de l'hôpital. Lydia, l'une des infirmières, vient le réveiller, il est obligé de se lever et de marcher dans le couloir

---

4   Sarah Hatchuel a analysé les épisodes autour de la mort de Mark Greene dans sa communication : « La mort de Mark Greene en saison 8 d'*Urgences* : fin d'une ère et préfiguration de *LOST* », dans le cadre du colloque sur les séries américaines de network des années 1990 à l'Université Paul-Valéry Montpellier 3 en 2020. La vidéo est disponible ici : https://www.youtube.com/watch?v=1bjThx7s1ng (vue le 04/07/2021).

alors qu'un électricien est en train d'effectuer des réparations. Au début du dernier épisode, on retrouve la même scène : cette fois Lydia (il est à noter que les infirmières sont les personnages qui assurent la continuité de l'univers fictionnel en demeurant pour la plupart du début à la fin de la série) vient réveiller le Dr Morris mais l'on voit aussi dans cette scène un électricien en arrière-plan. L'épisode marque donc la nature cyclique de la vie des urgences où les scènes se reproduisent mais avec des médecins différents, perpétuant à nouveau une certaine idée de leur métier, par le biais de passages de relais entre générations. Deux autres scènes du premier épisode se rejouent avec d'autres personnages et d'autres contextes dans le dernier : une scène d'accouchement et une autre où l'un des médecins se demande s'il va parvenir à continuer à exercer ce métier et où un collègue plus expérimenté lui remonte le moral. *Urgences* est une série qui n'a pas tout à fait conservé son casting originel, mais il faut voir que les séries médicales sont en fait aussi des séries universitaires, et par là-même des séries sur la transmission. Régulièrement, de nouvelles générations d'internes arrivent à qui les plus anciens enseignent et qui enseigneront à leur tour. Un passage de relais qui peut être véritablement ressenti grâce au fonctionnement de la sérialité longue.

Carter est ainsi l'élève et, pourrait-on dire, le fils spirituel de Mark Greene. C'est à son contact qu'il va préférer la médecine urgentiste à la chirurgie. Leur parcours est donc très lié. Mark Greene meurt dans la 8e saison d'un cancer mais ce personnage hante l'épilogue de la série, qui a lieu pourtant sept ans plus tard : dès la reprise de la scène d'ouverture, mais également par la simple présence de John Carter, qui a maintenant pris sa place, et surtout par le fait que sa fille, Rachel Greene, postule pour devenir médecin au Cook County à son tour. Carter joue alors le rôle de mentor pour la fille de son propre mentor et, dans une dernière séquence particulièrement marquante appelle Rachel pour la première fois « Dr Greene ». Dans les dernières secondes de la série, la boucle est donc bouclée et un travelling arrière replace les personnages au sein du lieu qui est le véritable héros de la série, le service des urgences.

L'idée, dans cette fin, comme dans beaucoup de fins de séries, est de chérir les souvenirs et de continuer. C'est pour cela que de nombreux personnages reviennent dans le dernier épisode, des personnages qui proviennent de la première phase de la série, et qui sont là littéralement pour faire leurs adieux. On voit bien d'ailleurs dans ces scènes que les acteurs se disent au revoir entre eux et à cette période de leur vie. Il en est de même pour les publics. On touche là aussi à une spécificité de la sérialité où le sentiment de l'acteur et de la réalité de la production de la série est souvent sous-jacente par rapport au monde fictionnel qui nous est présenté. Nous voyons à la fois le personnage et l'acteur sans que cela nuise à l'immersion, bien au contraire.

Il s'agit donc de dire au revoir, et ce n'est pas un hasard si la question du deuil est thématiquement centrale dans l'épisode : par exemple, un patient âgé qui a un cancer et qui avait survécu au sida dit : « I have tried to live for them, to keep their memories alive » (« J'ai essayé de vivre pour eux, pour garder vivante leur mémoire »). On voit également un très vieux couple, dont la femme est en train de mourir. En outre, Carter inaugure dans cet épisode un centre de soins qu'il a financé et qu'il nomme en souvenir de son fils Joshua, mort-né. Il explique dans son discours qu'aider les gens dans leur souffrance est ce qui lui a permis de mieux supporter sa propre détresse. Cet épisode est donc extrêmement chargé émotionnellement et rend compte à la fois de ce qu'est *Urgences*, de ce qu'elle a voulu dire et de ce qu'elle a pu représenter pour les gens.

Les urgences sont un lieu de passage où se joue des questions de vie et de mort, mais que les patients quittent ensuite pour être remplacés par d'autres. C'est bien sûr ce qui se passe dans la diégèse, mais c'est aussi une manière de décrire le fonctionnement semi-feuilletonnant formulaire de la série qui traite dans chaque épisode d'intrigues bouclées autour des patients du jour, ainsi que de la vie des professionnels du service des urgences s'inscrivant, elle, dans une continuité longue. *Urgences* était potentiellement une série qui aurait pu ne jamais se terminer, dans le sens où sa narration est toujours saisie comme une tranche de la vie des urgences, très longue certes, mais néanmoins non orientée vers une fin qui serait déterminée par une intrigue quelconque. Or la fin de la série joue précisément sur ce double passage de relais, entre médecins – qui montre que la vie des urgences continue même si elle ne nous sera plus montrée –, et entre la fiction et les spectateurs et spectatrices qui conservent désormais la mémoire de toutes ces vies dont ils et elles ont été témoins.

Ally McBeal (David E. Kelley, 1997-2002, Fox) propose elle aussi une fin-somme qui met au centre ce qui fait le cœur de la série, la question de l'enchantement mais aussi du deuil. En effet, cette série d'avocats déjantée des années 1990 met en scène un réenchantement du monde, en montrant à l'image par le biais d'effets spéciaux le point de vue de sa protagoniste Ally (Calista Flockhart). Sa fin reprend les éléments qui ont construit l'identité de la série pour les célébrer dans un dernier adieu alors qu'Ally elle-même quitte ses amis et le cabinet d'avocats dans lequel elle a travaillé pendant cinq saisons. En quatre phases, qui portent chacune une valeur conclusive, les personnages disent au revoir à la série et la série aux spectateurs et spectatrices. Il y a d'abord la discussion entre Ally et John Cage, qui représente une sorte de double d'Ally, un autre enchanteur pourrait-on dire. Cette scène marque la clôture de leur amitié mais est aussi un passage de relais au public. « Tu es devenu l'âme de chacun d'entre nous et j'ai peur de ce qui va se passer quand tu seras partie », dit John Cage à Ally. Mais elle lui répond qu'il sous-estime sa propre âme. Avec ce passage de relais à John, la série sous-entend que les spectateurs et spectatrices sont eux aussi désormais prêts à jouer ce rôle : Ally nous a montré la possibilité du réenchantement du monde et maintenant nous pouvons le faire nous-même.

À partir de là, il est temps de célébrer le souvenir de ce que nous avons vécu pendant toutes les années de la série. C'est la seconde phase de la fin, dans le fameux bar où chantent et dansent les personnages depuis la première saison. Avec Barry White en ultime guest star, la séquence est une célébration de ce qu'a été la série mais conduit aussi à une remémoration de toutes les occurrences de la chanson au cours de ses saisons. En effet, même si d'autres célébrités sont apparues dans la série, ce n'est pas la première apparition de Barry White. Par ailleurs, sa chanson « You're My First, My Last, My Everything » est devenue un véritable hymne de la série, accompagnée par une chorégraphie qui appartient d'abord à John Cage avant de se diffuser au sein du groupe de personnages et de symboliser dans cette séquence finale leur amitié. « Ça ne va pas te manquer tout ça ? » (*Won't you miss this ?*) dit John à Ally. « Je n'ai jamais dit que ça n'allait pas me manquer » (*I never said I wouldn't miss it.*), lui répond-elle. Du fait du départ du personnage, l'ensemble des dialogues prend bien évidemment un sens métanarratif et peut toujours être interprété comme commentant la fin de la série elle-même. De même que dans *Urgences*, le casting originel se regroupe pour un dernier moment, et danse devant la scène. D'autres personnages, principaux à ce stade de la série, sont présents, mais restent pourtant spectateurs et spectatrices de cette scène qui rend hommage à la manière dont tout cela a commencé. Le ralenti même donne l'impression que l'image est déjà traitée et donc que nous sommes déjà dans le souvenir d'un moment qui nous échappe. Vonda Shepard, une chanteuse qui apparaît dans les scènes du bar pendant l'ensemble de la série, joue ensuite une chanson issue du premier épisode qui a toujours été associée à la relation entre Ally et son amour de jeunesse Billy, décédé tragiquement quelques saisons auparavant. C'est donc bien sur un effet de bouclage et de célébration mélancolique que joue *Ally McBeal* et, tout comme *Urgences*, autour de la figure d'un personnage disparu plus tôt dans la série.

Une troisième séquence voit en effet Ally sortir du bar et discuter avec Billy, qui lui apparaît une dernière fois comme une vision. Ally lui dit qu'elle va aller bien, mais qu'elle avait besoin de lui dire au revoir à lui aussi. En un sens, la série se finit quand Ally accepte finalement la mort de Billy et accepte sa vie telle qu'elle est. Elle est alors prête pour la toute dernière séquence où elle dit au revoir à chacun des personnages dans la rue. Maintenant que nous nous sommes souvenus, que nous avons accepté qu'il était temps de passer à autre chose tout en chérissant l'expérience commune que nous avons vécue, nous pouvons, nous spectateurs et spectatrices, quitter aussi ces personnages. La série nous accompagne dans ce passage, par une reconnaissance du chemin parcouru, du temps surtout, qui donne une valeur unique au voyage que nous avons fait ensemble.

Ces séquences sont toutes des expériences et c'est pour cela que le motif du passage de relais y est fondamental, car la traversée de l'écran est au cœur de ces épisodes pour nous dire *in fine* que la vie continue après la série. Nous avons ri avec ces personnages, nous avons pleuré, nous nous sommes inquiétés pour elles et eux. Notre corps, nos émotions et notre mémoire ont été sollicités et c'est cela qui en fait une véritable expérience. *Urgences* et *Ally McBeal* sont qui plus est des séries de l'empathie, du rapport à l'autre, de l'amour et elles finissent donc de manière logique sur une forme de communion entre les publics, les personnages et l'équipe de production dans un moment de partage d'une émotion commune qui fera maintenant, et pour toujours, partie de nous.

Claire CORNILLON

PARTIR UN JOUR

Pendant un an, j'ai parlé avec des autrices et auteurs de séries de leur processus créatif, notamment de la phase de « deuil » qui accompagne la fin d'une œuvre. J'ai voulu revenir sur l'instant où cinq d'entre eux, Michaela Coel, David Simon, Fanny Herrero, Ray McKinnon et Shawn Ryan, ont partagé avec moi cet instant douloureux mais souvent libérateur.

Au printemps 2019, j'ai entamé une suite de longs entretiens avec seize créatrices et créateurs de séries, dans le cadre de *Créer une série*, un essai publié en mars 2021 chez Armand Colin. J'ai discuté de l'écriture de *I May Destroy You* avec Michaela Coel, de son travail sur *Treme* avec David Simon, de sa vie pendant *Rectify* avec Ray McKinnon… Je me suis tu pour entendre leurs histoires. Je me suis transformé, autant que possible, en confident, parfois en une sorte de psy, au point de dessiner un test de Rorschach sur la couverture de mon livre. Aucun de ces auteurs ne m'était tout à fait étranger. Certains faisaient partie de mon quotidien de journaliste séries à *Télérama* depuis plus d'une décennie, et nos discussions, lors de la promotion de leurs séries et de rencontres sur les festivals, ne cessaient de m'interroger sur leur implication personnelle, intime, émotionnelle, dans leurs séries. Quel besoin, quelle pulsion les poussait à raconter ces histoires ? Que disaient-elles de leurs vies, de leurs âmes, de leurs joies, de leurs peines ? Une série, pensais-je depuis ma position de téléspectateur et de journaliste, c'est un être d'images et de mots. Comment ces êtres de chair que sont les autrices et les auteurs en accouchent-ils ? Comment les élèvent-ils ? Et comment en font-ils le deuil ?

Mon premier titre de travail était *Vie et mort d'une série*. Bouleversé par les fins de *The Leftovers* et *Rectify* comme par la délicate disparition de *Treme*, j'étais particulièrement curieux de savoir comment les autrices et auteurs vivaient la « mort » de leurs séries, cet abandon, cette déchirure pour nous autres spectateurs. Je ne voulais pas seulement leur demander

« *c'est quoi une bonne fin de série ?* », mais, au terme de plusieurs heures de discussion, je voulais les regarder droit dans les yeux – même au téléphone, à l'époque le cauchemar Zoom n'avait pas commencé – et comprendre si ces séparations sont douloureuses, pourquoi elles sont parfois des soulagements, comment on s'en relève... autant de questions humaines que j'aurais pu poser à un panel de célibataires en leur parlant de leurs amours passées ou à un groupe de veufs en évoquant leurs partenaires disparus. J'aimerais revenir ici sur mon ressenti face aux réactions de cinq d'entre eux : Michaela Coel, si intimement liée à une série inspirée par sa propre agression sexuelle ; David Simon, ancien journaliste *a priori* détaché émotionnellement ; Shawn Ryan, parce que la fin de *The Shield* est un modèle de réussite ; Ray McKinnon, dont la fragilité reflète si bien l'œuvre ; Fanny Herrero enfin, qui a quitté « sa » série avant son terme.

J'ai rapidement compris qu'il existe autant de façons de dire au revoir à une série qu'il y a d'auteurs, mais qu'aucune conclusion n'est sans douleurs, sans regrets, sans frustrations. C'est au moment de parler de la fin de leurs œuvres que mes témoins ont montré le plus frontalement, souvent sans filtre, leur identité, leur sensibilité. Comme un écho au long chemin qu'ils ont dû parcourir pour en arriver là (*Un long chemin* était d'ailleurs le second titre de travail de mon livre). Il y a une forme de lâcher-prise, un mélange de fatigue extrême, de tristesse et de soulagement dans leurs témoignages.

À l'origine du besoin d'en finir, il y a une douleur créative, psychologique et souvent physique. Écouter des créatrices et des créateurs de séries raconter leur parcours, c'est un peu comme écouter des marathoniens analyser le fameux « mur » et les crampes du bout de course – une métaphore d'ailleurs utilisée par Fanny Herrero :

> C'était comme si j'étais au trentième kilomètre d'un marathon et que j'avais oublié de m'arrêter aux ravitaillements [...] Un vertige, une angoisse montaient en moi

explique-t-elle en précisant qu'elle a perdu beaucoup de poids et pris des anxiolytiques dans les derniers temps de l'écriture de *Dix pour cent*. Fanny Herrero fait partie des témoins que j'ai pu rencontrer dans leur cadre de travail, chez elle, à Paris. Le temps passé à ses côtés, dans son salon puis dans le bureau où elle travaillait à l'écriture de *Drôle*, sa nouvelle série pour Netflix, m'a permis d'apercevoir une artiste passionnée, entière, qui revient sur son expérience avec générosité, entre joies et angoisses.

J'étais épuisé, vidé, psychologiquement exsangue

Cette phrase aurait pu être d'elle, mais elle est de Ray McKinnon. Le créateur de *Rectify*, croisé seulement il y a quelques années à Cannes, lors du MIPCOM, ne m'a répondu qu'au téléphone. Mais sa voix grave, cassée, au lourd accent sudiste – il vient de la région d'Atlanta – porte à elle seule le poids de son existence et tout ce que sa série a pu faire pour l'aider à tenir. Brutalement veuf à quelques mois du début de son écriture, frappé par un cancer à la veille de sa diffusion, McKinnon bouleverse jusque dans ses longs silences de l'autre côté de la ligne. Comme son œuvre. Herrero, McKinnon et presque tous les témoins de mon livre avouent avoir pleuré, même brièvement, au terme de leurs travaux. Dans leur voix, il y a un léger souffle quand ils en parlent, comme si, parfois des années après la fin de leurs œuvres, il leur restait quelque chose à expulser. Ou qu'ils se souvenaient, à nouveau, de la sensation de relâchement qui les a envahis à l'époque.

Quand on entend leurs mots forts, graves, prononcés avec une boule dans la gorge, on réalise à quel point ces séparations sont à la fois terribles et nécessaires. Pour ne pas sombrer totalement, mais aussi parce qu'une série a une date de péremption. Savoir partir à temps, c'est écouter aussi bien son œuvre, capter ses signes vitaux, qu'entendre les limites de sa propre espérance de vie créatrice – imaginez un cordon ombilical sans cesse relié entre le corps narratif (des mots) et le corps créatif (leur auteur), qui se désagrégerait jusqu'à rompre, et qu'il serait plus sain de sectionner soi-même

Avant de connaître le sort de la majorité des *showrunners* de séries, qui finissent en dépression, en burn-out ou en pétage de plombs

comme le glisse, pas si ironique que ça, Fanny Herrero. Chez la créatrice de *Dix pour cent*, une métaphore revient, celle de l'enfermement.

J'ai commencé à me sentir à l'étroit dans mon arène, j'étouffais, je devenais claustrophobe. Je me disais que je risquais de devenir bête, incapable de voir le monde autrement qu'à travers les nécessités de la série. Je ne pouvais

> pas continuer sans que les rouages de ma réflexion ne commencent à devenir trop visibles

explique quant à lui Ray McKinnon, qui reconnaît que, s'il avait eu le choix, il n'aurait peut-être fait qu'une seule saison de *Rectify*...

Tout le monde voudrait prévoir la fracture, anticiper la fatigue, et la plupart des autrices et auteurs avec lesquels j'ai pu m'entretenir ont tout fait pour anticiper. En vain. Dans l'immense majorité des cas, l'imprévu s'invite, bouscule, change les plans, écrase même parfois ce qui était écrit. La série, cette matière mouvante, semble parfois vouloir échapper à son créateur et continuer sa propre vie ailleurs. À la Nouvelle-Orléans, par exemple. J'y ai rencontré par deux fois David Simon, sur la première saison de *Treme*, début 2010, puis à nouveau lors de l'ultime jour de tournage, trois ans plus tard. Simon est, *a priori*, l'opposé absolu de Ray McKinnon. Un orateur grande gueule, un ancien journaliste engagé, un factuel, pas un émotif. Ses séries se terminent souvent sur une ouverture, mais il conçoit ses fins dès le début de son travail, pour éviter autant que possible les imprévus — imaginez le grand *showrunner* grommeler ses explications avec le rafraîchissant franc-parler qui le caractérise :

> On devrait commencer par se demander pourquoi on se lance dans un tel récit, et apporter une réponse — ce qui est impossible si l'on ne connaît pas la fin de l'histoire [...] La vie est trop courte ! Je ne vais pas passer quatre ou cinq ans à raconter une histoire dont je ne connais pas la fin [...] J'emmerde ces types qui s'assoient mollement dans leur writers' room chaque début de saison en se demandant ce qu'ils vont bien pouvoir inventer pour que ça dure et que le pognon continue de rentrer dans les caisses.

Et pourtant, même lui n'a pas su anticiper la fin de *Treme*, dont la quatrième et ultime saison a été coupée de moitié — il a dû payer de sa poche pour financer le cinquième et dernier épisode de cette « saison 3-et-demie », comme l'affichaient les t-shirts des techniciens sur le tournage.

> Finir une série c'est toujours se serrer la ceinture. Pour *Treme*, nous avons dû faire des sacrifices à tous les niveaux

Et on comprend que ce « serrage de ceinture » est aussi bien financier que scénaristique et psychologique. Que, comme Fanny Herrero sur *Dix pour cent*, David Simon n'a pas exactement fait la fin de série qu'il avait préparée – il a conservé son dernier plan, pas le chemin qui y mène. Contrairement à Shawn Ryan. Le créateur de *The Shield*, colosse au crâne rasé, est bien différent de son héros musclé Vic Mackey. Un artisan appliqué, qui se raconte avec un plaisir non dissimulé, entre fierté et nostalgie. La conclusion de sa série est considérée, à juste titre, comme une totale réussite. Peut-être parce qu'il a réussi à s'en détacher un peu, à la rationaliser ? Dès l'écriture de la saison 3 de sa série, le *showrunner* avait en tête sa conclusion – jusqu'au choix de la B.O. qui l'accompagne. Quand il a convaincu la chaîne FX de le laisser finir après sept saisons, il n'a plus eu qu'à imaginer les étapes intermédiaires – comme Simon, mais sans la mauvaise surprise des coupes budgétaires. « *On n'avait plus rien à perdre, plus besoin de se retenir, de calculer, de penser à la saison suivante. C'était un sentiment libérateur* », sourit-il, conscient que cette liberté est le luxe ultime, le rêve de tout scénariste de série.

Comme quoi toute fin de série n'est pas nécessairement synonyme de souffrance. Celles et ceux pour qui leur série a été la plus cathartique partagent ce sentiment « libérateur ». À commencer très logiquement par Michaela Coel. Une artiste à part, excentrique et délicate, débordante d'énergie et fragile, qui partage son expérience avec la même générosité, authentique, impudique, décomplexée, qui caractérise son travail. J'ai fait sa connaissance à l'époque de *Chewing Gum*, sa première série, lors du Festival de la Fiction TV de La Rochelle. Nos échanges réguliers nous ont menés jusqu'au salon exigu du petit appartement de sa mère, à Londres, où elle travaillait sur *I May Destroy You*.

> Quand j'ai terminé *I May Destroy You*, j'ai ressenti une forme d'euphorie, comme si j'avais pris une drogue dure [me raconte-t-elle dans *Créer une série*]. J'ai refermé mon ordinateur et suis sortie dans la rue. J'ai erré dans Londres, le sourire jusqu'aux oreilles, et suis entrée dans un café, au hasard. J'ai commandé un croissant vegan et un café, et suis restée là à regarder par la fenêtre, ébahie, avant de retrouver une amie. À peine assise en face d'elle, je me suis effondrée, en larmes. Puis j'ai ri. Et pleuré à nouveau. Je craquais de toutes parts, comme une mère qui prend son bébé dans ses bras pour la première fois.

C'est aussi une des forces du format minisérie, qui a permis à Coel de ne pas craindre de se rater, et de boucler son récit sereinement.

Ray McKinnon aurait aimé ressentir cette libération. Mais le scéna-riste et acteur – vous l'avez peut-être vu dans *Sons of Anarchy* ou *Mud* de Jeff Nichols – ne connaît que trop rarement la paix de l'âme et du corps. Il en parle avec une pointe d'ironie triste, sa voix traînant mélancoliquement sur le chemin de l'introspection.

> La plupart des scénaristes considèrent que c'est une bénédiction de pouvoir choisir quand arrêter les frais. Moi, j'ai eu une peur terrible de tout ruiner. Ça a été un fardeau plutôt qu'un cadeau.

Pourtant, quand il se souvient de ses choix pour la fin de sa série, Ray McKinnon laisse échapper, à mi-mots, ce qu'elle contient de lumière, d'espoir pour lui. Ce qu'il en dit semble profondément personnel – attention, spoiler :

> À l'origine, Daniel Holden devait mal finir. Ça n'aurait rien eu de surprenant. On ne se relève pas si facilement de ce qu'il a vécu […] Ça me semblait être la fin parfaite. Il aurait dit "j'ai essayé de vivre dans cette société, mais je n'y arrive pas". Ça aurait été triste mais sincère […] Quand la fin de l'écriture a approché, j'ai compris que le chemin que j'avais fait parcourir à Daniel était un combat, celui d'un homme qui décide qu'il veut vivre, malgré tout. J'ai compris qu'il ne pouvait pas baisser les bras, parce que tant de gens s'étaient battus pour lui. Et que je ne pouvais pas le laisser tomber, moi non plus.

– et le journaliste d'entendre : « je ne me pouvais pas, moi non plus, abandonner ».

Quoi qu'on fasse, il faut tôt ou tard s'en aller. Tourner la page. Ou essayer, tout du moins. Un geste plus concret que de se dépatouiller avec la fin de l'écriture et les sentiments violents qui l'accompagnent. C'est au moment d'aborder cette ultime phase du deuil que les créatrices et créateurs de série se relâchent un peu, s'amusent, se racontent en souriant. Que le soulagement dont je parlais plus haut se fait ressentir. Michaela Coel, pas la moins émotive de mes témoins, revient par exemple à des choses plus terre-à-terre, en lisant, en faisant des puzzles.

> Pour filer la métaphore de la naissance d'un enfant, je me sentais comme quand on rentre de la maternité et qu'il faut trouver une routine. Que le moment exceptionnel est derrière soi et qu'il faut apprendre à vivre différemment.

Ray McKinnon, dont l'humour pince-sans-rire vient sans cesse contrebalancer la noirceur, raconte comment il s'est isolé quelques semaines, seul avec son chien, et a passé ses journées à regarder des émissions de téléréalité.

> Pour la première fois depuis longtemps, j'ai réussi à me sentir bien sans rien faire. Je me suis donné la permission d'être, tout simplement.

À force de les écouter me raconter leur « deuil », j'ai réalisé que chacun de mes témoins, par l'émotion, le rire, l'ironie, le refus d'être sentimental, disait quelque chose non seulement de son approche créative, mais aussi de sa personnalité. David Simon, par exemple, le journaliste, le naturaliste, l'artiste politique créateur de *Treme*, lâche :

> Je n'ai jamais eu peur de terminer une série, parce que j'ai toujours gardé en tête qu'une autre suivrait. Et si la télé arrête de me laisser raconter mes histoires en me rappelant que personne ne les regarde, alors je me remettrai à écrire des livres. Je sais encore écrire, je ne vais pas crever de faim.

Il a beau jouer les durs à cuire, on sent un léger agacement dans sa voix quand *The Wire* prend trop de place – et la joie, pour lui, de parler pendant de longues heures de *Treme*. Fanny Herrero reconnaît que

> La peur de ne jamais refaire une série aussi populaire que *Dix pour cent* existe, celle de ne jamais faire aussi bien également. Mais il faut avancer.

Le plus franc sur le sujet reste Shawn Ryan, qui n'a jamais cessé de travailler depuis *The Shield*… sans jamais tenir un second succès critique – à l'exception de *Terriers*, très vite annulée.

> J'ai toujours été jaloux de David Chase, qui a créé *Les Soprano* en fin de carrière, après avoir écrit beaucoup d'autres choses, et qui n'a pas ressenti de pression pour rebondir et refaire une série. Moi, j'ai quasiment débuté avec mon chef-d'œuvre. Je n'avais que 42 ans quand il s'est terminé. Je ne pouvais décemment pas prendre ma retraite ! J'ai essayé, encore et encore, de faire de bonnes séries, mais je sais que cela va être difficile d'imaginer quelque chose qui aura l'impact de *The Shield*.

Une drôle de nostalgie tourmentée se dégage de toutes les discussions que j'ai eues pour préparer mon livre. Un regard ému vers ce long voyage douloureusement réjouissant que ces créatrices et créateurs de séries ont parcouru. Toutes et tous, même à mi-mots, reconnaissent que leur première pensée, au lendemain de la fin de leurs œuvres, a été : « *plus jamais je ne referai ça. Vivement que je refasse ça* ». Alors, fatalement, la tentation de ressusciter leurs séries est grande. Shawn Ryan, par exemple, n'a cessé de refaire *The Shield*, sans vraiment la refaire, avec des polars musclés comme *The Chicago Code* et désormais *S.W.A.T.* Laissons le mot de la fin à un autre intervenant de *Créer une série*, son doyen, le très sage Tom Fontana, créateur d'*Oz*. Il résume parfaitement le sentiment général de ce deuil complexe :

> On ne boucle pas une série, on la quitte.

Ce qui veut dire qu'elle ne se referme jamais tout à fait et que, comme les grandes histoires d'amour, elle peut revenir à vous, en pensées ou plus concrètement.

Pierre LANGLAIS[1]

---

1   Pierre Langlais a publié *Créer une série*, éd. Armand Colin, 320 p.

DES FINS À LA CARTE ?

De la « reformulation » à l'émancipation de la conclusion

FIG. 1 – *Les Soprano*, musique choisie par Tony Soprano pour sa « fin »
dans la dernière séquence de la fiction.

« JE SUIS VENU TE DIRE QUE JE M'EN VAIS. »

Lors d'une journée d'étude à Paris, Tristan Garcia compare la fin d'une série à une rupture amoureuse. Selon lui, trois schémas de séparation se déploient : les séries qui nous quittent, les séries que nous quittons et celle où l'on se quitte d'un commun accord[1]. Dans cette idée, la série et le téléspectateur ont une relation émotionnelle forte. En reprenant l'adage popularisé par la chanson des Rita Mitsouko, on

---

1   Tristan Garcia, « Les séries qui nous quittent, les séries que nous quittons. Comprendre la fin d'une série sur le modèle de la rupture amoureuse », Journée d'étude *Le pilote et la chute* organisée par Stéphane Rolet, École Pratique des Hautes Études, Paris le 29 octobre 2013.

peut donc dire la rupture inévitable : « les histoires d'amour finissent mal en général ». L'argumentation de Garcia nous apparaît pertinente tant elle met en exergue la relation parfois ambivalente d'amour/haine qui peut lier l'œuvre et le téléspectateur.

Pour cela, il suffit de penser aux insultes reçues par Damon Lindelof via Twitter après la diffusion du dernier épisode de *Lost* en mai 2010 : « Vous n'êtes qu'un sale menteur. Vous n'avez jamais su, vous avez tout inventé, vous nous avez tous trahis. Vous m'avez trahi et j'espère que vous irez pourrir en enfer[2]. » En mai 2019, c'est au tour de D. B. Weiss et David Benioff [les deux *showrunners* de *Game of Thrones*] d'être les victimes des foudres du flux numérique, avec cette fois-ci une demande précise ou plutôt une pétition : réécrire l'intégralité de la huitième saison de *Game of Thrones*. Là où les fans de *Lost* hurlaient à la trahison, ceux de Westeros s'organisent et cela même avant la diffusion du dernier épisode puisque la pétition en question récolte plus d'un million de signatures alors que l'épisode final n'est pas encore diffusé.

L'utilisateur à l'origine de ladite pétition s'explique : « David Benioff et D.B Weiss se sont révélés être des scénaristes incompétents une fois qu'ils n'ont plus pu se reposer sur un matériel de base (à savoir les livres)[3]. » Essayons un instant d'imaginer la réception du dernier épisode de *The Sopranos* en 2007 si Twitter avait eu autant de succès à ce moment-là... La série s'achevant sur une coupure au noir en plein milieu d'une séquence, amenant le téléspectateur à croire à une perte du signal et laissant en suspens le sort de Tony Soprano. Mais la colère n'est pas toujours l'émotion qui prédomine. Des œuvres comme *Six Feet Under* (2001-2005) ou *Breaking Bad* (2008-2013) ont été unanimement saluées au moment de leur achèvement, engageant une émotion intense chez les téléspectateurs : « *Breaking Bad*, cette perfection du début à la fin <3 J'suis en deuil maintenant par contre[4] ». Dans le langage employé, l'idée de perte est récurrente, comme si une relation s'était achevée.

---

2   Christophe Dasse, « Lost : Les 5 messages les plus méchants reçus par Damon Lindelof depuis la fin de la série », in *Unification*, 27/08/10, URL : « http://www.unificationfrance. com/?11015-Lost-Les-5-messages-les-plus (consulté le 4 mai 2013) ».

3   « https://www.lunion.fr/id66125/article/2019-05-19/une-petition-pour-reecrire-la-fin-de-game-thrones-recolte-plus-dun-million-de (consulté le 15/04/21) »

4   Tweet de Ludivine O'Reily ↳ (@_LadyStark) 30 Septembre 2013.

EMPRUNT ET REMBOURSEMENT,
LE CONTRÔLE DE L'EXPÉRIENCE

Laura Odello et Peter Szendy conduisent une analogie intéressante avec le principe de liquidation totale au sens de *shutdown* : « La fin, la mort des séries semblent être au fond leur impossibilité la plus propre. L'incalculable même qui, au moment où l'on devait pouvoir solder les comptes, dépasse toutes les logiques du crédit narratif et entraîne le feuilleton dans la démesure d'une liquidation générale[5]. » Les auteurs insistent sur notre désir d'être « remboursés » émotionnellement du temps accordé à l'œuvre, comme si elle était notre débiteuse. Paul Ricœur le rappelle : « L'intérêt d'une histoire ou l'ennui qu'elle nous cause n'ont-ils jamais dépendu de l'espace et du temps qu'elle a exigés[6] ? » C'est bien de cela qu'il s'agit, les œuvres sérielles engagent une attention qui s'étale sur des années, en ce sens, le téléspectateur attend un retour sur investissement.

La fin est donc traversée par ce que Odello et Szendy appellent une « liquidation générale ». Chez Aristote, cette banqueroute émotionnelle prend la forme de la *catharsis*, une épuration des sentiments, un bouleversement émotionnel qui joue souvent sur la rupture d'une relation étendue dans le temps. Les réactions évoquées pour *Lost*, *Breaking Bad* ou *Game of Thrones* confirment l'actualité de ce procédé.

Il y a néanmoins un autre enjeu propre à la conclusion. Anne Besson renvoie à Ricœur pour qui :

> L'explication du besoin humain de récit, la justification de la mise en intrigue tient dans cette « attente du lecteur que quelque consonance finalement prévale », le besoin « d'imprimer le sceau de l'ordre sur le chaos, du sens sur le non-sens, de la concordance sur la discordance » : de donner forme et consistance à l'existence individuelle et collective[7].

Le récit est un besoin fondamental de l'apprentissage et de la construction de l'identité individuelle et collective. Il permet d'organiser nos vies comme

---

5   Laura Odello et Peter Szendy, « Fins de séries », dans *Artpress2 : séries télévisées formes, fabriques, critiques*, février/mars/avril 2014, n° 32, p. 36-41.

6   Paul Ricœur, *Temps et Récit 2. La configuration dans le récit de fiction*, Paris, Le Seuil, 1984, p. 216.

7   Anne Besson, *D'Asimov à Tolkien*, Paris, CNRS Éditions, 2004, p. 208.

un tout encadré par des limites et d'y insuffler une logique. C'est bien de cela qu'il s'agit ; nos vies s'inscrivent dans une temporalité insaisissable que nous essayons d'encadrer par des concepts de début et de fin issus de la science et/ou de la religion. Nous donnons ainsi sens à notre expérience de la vie. Anne Besson associe au cycle littéraire un rôle rassurant qui passe par une « représentation qu'il propose d'une expérience apaisée et apaisante du temps[8]. » Nous pouvons percevoir une similitude avec la forme sérielle.

Cette quête de sens que Ricœur cite trouve une forme singulière dans les séries télévisées qui organisent la possibilité même de la répétition de la fiction, Jean-Pierre Esquenazi la nomme, lui, « formule », soit : « le cadre strict d'une série[9] ». En façonnant un mode de répétition basé sur des invariants, la série construit une habitude avec le téléspectateur. Nous avons proposé une hypothèse complémentaire qui est la « déformulation[10] », la manière dont une série se détache de ce qui la maintient en vie pour mieux se précipiter vers son achèvement, une sorte de liquidation générale où la fiction se permet de faire ce qu'elle n'a jamais fait.

« CE QUI EST MORT NE SAURAIT MOURIR[11]. »

D'un point de vue économique, la fin d'une série n'est jamais que l'arrêt de la production d'épisodes à un moment donné. En cela, elle n'est pas définitive, rien n'empêche d'imaginer une suite, désavouant la fin initiale comme finalement une simple étape dans la continuité de l'œuvre. Et cette possibilité semble devenir un phénomène qui se déploie maintenant depuis une décennie à un niveau exponentiel. Cette phase est encore difficile à analyser, à comprendre et à cerner, mais elle nous entoure.

De nombreuses séries connaissent ce que l'on pourrait définir comme une « réanimation », une suite, voir un *revival*. On pourrait penser

---

8   *Ibid.*
9   Jean-Pierre Esquenazi, *Les Séries télévisées : l'avenir du cinéma ?*, Paris, Armand Colin, 2010, p. 26.
10 Vladimir Lifschutz, *This is the end : finir une série TV*, Tours, Presses universitaires François-Rabelais, collection Sérial, 2018.
11 Titre au combien prophétique de l'épisode 3 de la saison 2 de *Game of Thrones*. Une devise associée aux Îles de Fer dans la série.

aux nombreux remakes allant de *MacGyver* à *Magnum* en passant par *Charmed*, etc. Nous n'allons pas nous intéresser à ces exemples, mais à plutôt aux formes sérielles qui engagent une continuité narrative. Il s'agit parfois de séries annulées, qui n'ont pas eu de fin au sens de conclusion narrative voulue par les auteurs, l'exemple canonique est celui de *Twin Peaks* (1990-1992) et de son rendez-vous donné après 25 ans finalement honoré en 2017 par une troisième saison[12].

Fig. 2 – *Twin Peaks*, Laura Palmer donne rendez-vous à Dale Cooper/au téléspectateur.

D'autres exemples révèlent des fictions achevées par les auteurs, mais qui engagent quand même une résurrection parfois après plus d'une décennie de repos comme l'exemple récent de *Dexter* (2006-2013) le démontre.

De nombreux cas peuplent les chaînes et les plateformes telles que *24, X-Files, Prison Break, Deadwood* notamment qui ont tous eu droit à une suite. D'autres œuvres attendent patiemment leur retour toujours en discussion à l'heure où nous écrivons ces lignes, comme *Ally McBeal* ou *Friends*. Dans ces quelques exemples, nous parlons de suite directe, de reprise de la narration là où elle s'est arrêtée. Rappelons qu'il existe d'autres moyens de pérenniser un univers de fiction. Le *spin-off* n'est pas nouveau, il existe depuis une quarante d'années et continue de permettre le déploiement de nouvelles intrigues dans un univers fiction-nel, c'est le cas avec *Better Call Saul* pour *Breaking Bad*. Nous pouvons aussi penser aux trois *spin-off* annoncés pour *Game of Thrones* après un

---

12 Lors du dernier épisode de la deuxième saison diffusé en 1992 intitulé *Beyond Life and Death*, le personnage de Laura Palmer s'adresse au téléspectateur par ces mots : « Je te reverrai dans 25 ans ». Rendez-vous honoré en 2017.

premier essai infructueux finalement abandonné en 2019. À noter que dans ces exemples, nous avons des œuvres qui fonctionnent comme des prologues à l'œuvre principale explorant l'antériorité du récit premier (à l'exception de quelques séquences dans *Better Caul Saul*).

La problématique de la fin trouve donc de nombreuses réponses. Il faut cependant distinguer les séries réanimées et les séries qui se « reformulent ». Une série peut être ramenée à la vie sans réellement changer, ce fut le cas de la neuvième saison de *24* (à l'exception d'une réduction du nombre d'épisodes). Nous proposons dans le principe de la reformulation un changement irrémédiable qui amène une évolution de la formule, dans son cadre strict. Le terme évolution nous apparaît capital, il ne s'agit pas de révolutionner la formule de la série, mais de lui permettre de se renouveler tout en conservant des attributs essentiels à son existence.

Nous pouvons donner quelques exemples spécifiques comme un glissement de l'univers fictionnel (*Hannibal* change de cadre dans la troisième saison, qui se passe majoritairement en Italie), la perte d'un personnage essentiel au rouage de la formule (Nicholas Brody dans *Homeland*) ou une modification structurelle majeure (le remplacement du *flashback* par le *flashforward* dans *Lost* à la fin de la troisième saison). C'est là qu'il faut préciser que la reformulation peut être la résultante d'une série réanimée mais elle s'observe aussi avant la « première » fin de la fiction. Les raisons sont multiples : ménager des portes d'entrée pour les nouveaux téléspectateurs, redynamiser une œuvre, permettre à la fiction d'évoluer pour ne pas lasser.

Rappelons donc ces différentes notions afin de mieux cerner leur place dans la vie d'une série :

Le pilote de la série (première épisode).	Parfois, au cours de la série (souvent lors d'un début ou une fin de saison).	Le dernier épisode de la série.	Lorsqu'une série est relancée après sa fin officielle.
La formule est alors agencée, soit le cadre strict de la série, ses invariants	**La reformulation** qui fait évoluer la formule de la série.	**La déformulation** qui opère une liqui-dation générale de la formule, la série ne peut donc plus continuer.	Soit la fiction reprend la même **formule**, soit il se produit une **refor-mulation** pour relancer la suite.

On observe ainsi plusieurs mouvements qui n'ont pas toutes les mêmes problématiques. Alors que la fin a longtemps symbolisé un échec important pour la série télévisée dont le but premier est justement de durer et de fidéliser, elle semble aujourd'hui devenir plus qu'un événement, mais une quête sans cesse repoussée et actualisée.

Les séries se composent ainsi de plusieurs fins, cette idée s'incarne dans la série elle-même qui ménage des micro-conclusions. Ces micro-fins offrent la possibilité pour les téléspectateurs de choisir la conclusion qu'ils désirent. La réanimation des séries est souvent liée à une issue déceptive ou reconnue comme telle par une majorité des téléspectateurs. Les téléspectateurs de *Twin Peaks* espéraient des réponses aux mystères de la fiction et l'emprisonnement de Dale Cooper dans la chambre rouge à la fin de la seconde saison. Ceux de *Dexter* gardent en mémoire la frustration finale d'un Dexter hirsute transformé en bûcheron dans la conclusion de la huitième saison du show.

Fig. 3 – Le dernier plan de la saison 8 de *Dexter.*

VOUS REPRENDREZ BIEN UN PEU DE FIN

La « réanimation » des séries et les micro-fins présentent au cœur de la fiction nous conduisent vers la pluralité de la fin. La série *Homeland* (2011-2020) incarne parfaitement cela, l'épilogue de la troisième saison ressemble à s'y méprendre à une fin de série. En concluant le macro-récit engagé depuis la première saison, la série semble procéder à une « liquidation générale », une déformulation lors de l'épisode *The Star* (S3E12). Ses dernières minutes semblent rompre avec l'ensemble de la série. L'histoire de Carrie Mathison (Claire Danes) et Nicholas Brody (Damian Lewis) touche clairement à sa fin avec la pendaison de Brody. Aussi la quatrième saison est-elle présentée par les auteurs comme une réinvention de la série[13]. La formule évolue donc, conduisant à une « reformulation ». De cette manière, de nouveaux téléspectateurs peuvent entrer dans l'univers fictionnel de *Homeland* et d'autres peuvent en sortir. La fin ne serait donc plus imposée, on pourrait la choisir dans une certaine mesure. L'exemple de *Homeland* (loin d'être unique) tend à prouver que la promesse d'un dénouement peut être accompli avant la fin de la fiction. Ce qui semble donc confirmer qu'une série est une pluralité de récits et non un seul, comme le défend régulièrement le sociologue Jean-Pierre Esquenazi[14].

L'exemple de *Hannibal* (2013-2015) propose aussi un cas d'étude intéressant. Les deux premières saisons sont marquées par la chasse à l'homme entre William Graham (Hugh Dancy), le policier et Hannibal Lecter (Mads Mikkelsen), le tueur en série. Lors du dernier épisode de la deuxième saison *Mizumono* (S2E13), nous assistons à une déformulation qui rompt avec la formule de la série : le docteur Lecter exécute plusieurs personnages majeurs de la fiction avant de quitter le pays. L'ensemble de la formule qui repose sur la découverte et la capture du personnage de Lecter est mis à mal par la « victoire » du serial killer. Ce phénomène de « reformulation » apparaît comme un nouveau moyen pour rassurer les chaînes. Le feuilleton ménage des portes d'entrées et de sorties claires[15].

Aussi la série se doit de procéder à une « reformulation » de sa structure. *The Mentalist* (2008-2015) achève son macro-récit avec la mort de John le rouge, tueur en série poursuivi par le héros tout au long des six premières saisons dans l'épisode *Red John* (S6E08). La série doit alors se

---

13 Pierre Sérisier, « *Homeland* – Un nouveau faux-départ », dans *Le Monde*, 7/10/2014 : « http://seriestv.blog.lemonde.fr/2014/10/07/homeland-un-nouveau-faux-depart/ (consulté le 7 novembre 2014) ».

14 Jean-Pierre Esquenazi, *Éléments pour l'analyse des séries*, Paris, L'Harmattan, 2017.

15 Florent Favard propose une réflexion sur la même question complémentaire sur son site personnel : « http://rasebelune.wordpress.com/2014/10/08/s02e01-a-new-story-in-the-old-world/ (consulté le 10 novembre 2014) ».

réinventer puisque le dénouement tant convoité est atteint. Une mission difficile qui, dans le cadre de cet exemple, n'est pas concluant, la fiction s'achevant lors de la septième saison. Déjà, dans *Buffy the Vampire Slayer* (1997-2003), Joss Whedon clôt le récit lors du dernier épisode de la cinquième saison *The Gift* (S5E24) avec la mort de Buffy Summers (Sarah Michelle Gellar[16]) avant de procéder à la résurrection de son personnage au début de la sixième saison.

La figure récurrente de la résurrection peuple les œuvres sérielles, de Buffy à Jon Snow (Kit Harington) ou encore celle de Bobby Ewing (Patrick Duffy) dans *Dallas* en passant par celles récurrentes des Cylons dans *Battlestar Galactica*, la série a toujours incarné l'impossible retour dans l'esprit collectif. L'héritage littéraire du roman-feuilleton explique probablement cette singularité, de la mort présumée de Sherlock Holmes dans les chutes de Reichenbach au réveil de Jon Snow à Castle Black, on retrouve une continuité, une force du récit sérielle, sa capacité à se transcender par la fin, à défier la mort et réconforter le lecteur/téléspectateur en donnant à l'auteur démiurge une force consolatrice. Car si rupture il y a bien, celle-ci, dans le fond, n'est qu'un au revoir. Une idée réconfortante de voir en la mort seulement une étape.

En marge de ces évolutions, le rôle des fans apparaît comme des plus importants. Les internautes n'hésitent pas à remonter les fins de série pour qu'elles correspondent à leurs attentes. On trouve ici de nombreuses vidéos avec pour titre : « Comment telle série aurait dû se finir ». *How I Met Your Mother* (2005-2014) est en cela un parfait exemple. Dans l'épisode final *Last Forever, Part I-II* (S9E23-24), Ted Mosby (Josh Radnor) explique (enfin) comment il a rencontré la mère de ses enfants. Or, la fin dépasse cette explication et rejoint le présent du récit premier pour dévoiler que la fameuse « mère » est morte d'une maladie. Les enfants de Ted l'aident à réaliser qu'il doit dépasser son deuil pour s'accorder une nouvelle chance d'être heureux avec sa meilleure amie Robin (Cobie Smulders). Les dernières minutes de la série ont produit un véritable clivage chez les fans. Aussi, certains ont décidé de proposer une fin alternative en remontant les dernières minutes du *show* pour qu'elles

---

16 Même si dans cet exemple, Joss Whedon croyait vraiment que la série allait s'arrêter avant qu'UPN prolonge la fiction pendant deux saisons. C'est la raison pour laquelle Buffy meurt à la fin de la cinquième saison. Alain Carrazé, *Les séries télé*, Paris, Hachette Pratique, 2007, p. 197.

correspondent à leurs attentes[17]. Dans le final officiel, Ted conclut son récit auprès de ses enfants avec la phrase suivante : « C'est comme ça que j'ai rencontré votre mère » avant que sa fille et son fils ne le poussent à renouer avec Robin. Dans la version officieuse, c'est cette phrase qui fait office de conclusion.

Plus qu'une multitude de fins, la réaction et l'organisation des fans qui n'hésitent pas à faire des pétitions ou à proposer un montage alternatif dévoilent que cet enjeu est aussi pleinement investi par les téléspectateurs.

L'INFLUENCE DE L'ANTHOLOGIE

La reformulation semble trouver son origine dans une forme sérielle, l'anthologie, figure popularisée à la télévision par *The Twilight Zone* en 1959. Le journaliste Pierre Langlais en donne la définition suivante : « Série sans personnage ni arc narratif se prolongeant d'un épisode à l'autre – à l'opposé des feuilletons, chaque épisode constitue donc une histoire complète et unique. La plupart du temps, seul le genre – et parfois quelques points communs de narration ou de réalisation constituent un lien entre les différents épisodes[18]. » Le début des années 2000 voit apparaître des anthologies se jouant de la définition canonique en proposant des arcs saisonniers. Le succès retentissant de la première saison de *True Detective* (2014-2019) démontre le succès de ce procédé autant que les risques qui l'accompagnent. Si la première saison a connu un succès critique et public, c'est aussi en raison des deux personnages principaux et des deux têtes d'affiche du programme, Rust Cohle (Matthew McConaughey) et Martin Hart (Woody Harrelson). Or, la seconde saison avec un nouveau casting et une nouvelle histoire se heurte à la comparaison avec son aînée et le public et la critique se montrent alors impitoyables avec cette reformulation de la série. La

---

17 Le lien pour la fin alternatives dite « officielle » : « https://www.youtube.com/watch?v=RoHUs8J7x94 (consulté le 5 octobre 2014) ». La fin « officielle » est disponible ici : « https://www.youtube.com/watch?v=nW82fRNJc84 (consulté le 5 octobre 2014). »

18 Pierre Langlais, « Qu'est qu'une série d'anthologie ? », dans *Télérama*, 26 mars 2014, n° 3350, p. 47.

troisième saison enfin tentera de retrouver le succès du début avec un nouveau casting, en vain.

Les deux *showrunners* qui ont peut-être le mieux compris les problématiques posées par la reformulation sont Ryan Murphy et Brad Falchuk avec *American Horror Story* (2011 – en production). Cette série est en apparence une anthologie saisonnière qui décline des récits horrifiques en rejouant les classiques de ce genre : la maison hantée pour la saison une, l'asile de fou pour la saison deux, les sorcières pour la saison trois, etc. Chaque saison reformule donc la série autour d'un thème horrifique. Néanmoins, les auteurs apportent deux ajustements pertinents. D'abord, si les personnages changent au fil des saisons, ils conservent un groupe de comédiens similaire créant une récurrence qui aide à l'attachement aux nouveaux personnages.

FIG. 4 et 5 – *American Horror Story*, Jessica Lange incarnant deux personnages différents dans la saison deux et trois (Sœur Jude et Fiona Goode).

Enfin, les dernières saisons de la série démontrent que les différentes histoires sont liées entre elles ; aussi le genre de l'anthologie est revisité à la plus grande surprise du téléspectateur. On peut donc regarder cette œuvre pour l'une de ses saisons ou pour l'ensemble. La série invite à un mode de lecture selon le téléspectateur, on peut d'ailleurs commencer à visionner la fiction selon n'importe laquelle de ces saisons.

Nous ne sommes pas encore les décisionnaires de nos modes de visionnage, mais ces programmes ouvrent une plus grande liberté dans l'appréhension de leur contenu. La reformulation demande donc de trouver un équilibre entre constance et changement. Le point important pour les fictions sérielles de demain est peut-être justement de trouver les outils pour procéder à une reformulation réussie. Cela devient un moyen de se démarquer de la concurrence, de promettre au téléspectateur une évolution constante de la fiction. L'anthologie a donc eu une influence sur cet équilibre délicat que demande la reformulation, entre évolution et constance.

LA FIN N'APPARTIENT QU'AUX RÉCITS

L'étude des séries télévisées nous force à être dans une observation constante de l'actualité tant la vie des œuvres sérielles évolue chaque jour. Nous savons que nos propositions et réflexions sont assujetties à une actualité dense qui viendra peut-être réfuter ou appuyer certains de nos propos. Si une fiction nous semble aujourd'hui pleinement consciente du rapport ambivalent et contradictoire avec la fin, c'est *The Leftovers* (2014-2017). Il faut rappeler que l'un des principaux auteurs de la série est Damon Lindelof, marqué par son expérience sur *Lost*. Avec Tom Perrotta, Lindelof propose ici une série complexe et passionnante autour d'un postulat initial mystérieux : le 14 octobre, 2 % de la population disparaissent subitement. Les trois saisons de la série sont marquées par des reformulations successives qui passent parfois par un glissement de lieux (de Mapleton à Jarden), esthétique (l'arrivée de la réalisatrice Mimi Leder pour la deuxième saison) voire narrative (la première saison adaptant le roman d'origine, la deuxième saison ouvre une toute nouvelle direction).

Alors que nous pouvons penser que le macro-récit de cette œuvre repose sur le dévoilement du mystère de la grande disparition, il n'en est rien. *The Leftovers* s'interroge, mais ne donne aucune réponse. Damon Lindelof semble avoir trouvé une œuvre où il peut pleinement s'accomplir en tant qu'auteur loin des contraintes des grands networks, la série étant diffusée sur HBO. À de nombreux égards, cette fiction semble se construire en lien avec l'expérience *Lost*. On note des similitudes évidentes autant d'un point de vue structurel (série chorale, mystère initial qui porte la fiction) que thématique (la foi, les affects, la mort). Bien que série de niche, la dernière saison fut attendue puisqu'elle semblait offrir à Lindelof la possibilité d'une réhabilitation (pour une partie des téléspectateurs du moins) après la fin de *Lost*.

Pleinement conscient de cela, l'auteur revendique sa préférence : mieux vaut prendre tous les risques que rester consensuel et ordinaire. Dans les derniers instants de la série, l'auteur se risque à proposer une réponse à la question fondamentale de la fiction : qu'est-il arrivé au 2 % de la population ? Une réponse apportée par le personnage de Nora Durst (Carie Coon) sous la forme d'une histoire à laquelle le téléspectateur peut ou non croire.

Fig. 6 – *The Leftovers*, Nora donne sa version de l'explication du *Sudden Departure*.

L'inconfort de la réponse apportée résulte dans son ambiguïté, semblant donner au téléspectateur ce qu'il veut, tout en lui montrant en même temps la futilité d'un tel désir.

La série même cherche à interroger l'attente de sens et de complétude évoqués par Ricœur, ici la grande disparition est déstabilisante parce qu'elle n'est pas la mort : « La mort est facile, les individus veulent de la finalité, la fin de leurs souffrances, mais avec le grand départ, il n'y a pas de fin[19]. » La fiction se construit donc sur un postulat phénoménologique : que nous reste-t-il quand nous ne pouvons plus saisir les limites de l'existence ?

Les auteurs de la série explorent le trouble de ceux qui restent, confrontés à une disparition qui n'est pas une fin en soi, qui empêche tout deuil parce que justement la finalité n'est pas avérée. Une idée forte qui met en abyme le rapport même à l'œuvre sérielle. Les fictions de ce type entrent et sortent de nos vies à la manière des disparus, subitement

---

19   Citation en anglais : "Death is easy, people want finality and the end of their grief. But with departures, there is no end." Teaser saison 3 *The Leftovers*, URL : « https://www.youtube.com/watch?v=vAB4Ux62Dww (consulté le 15/04/21) ».

et souvent de manière surprenante. C'est justement cette analogie que Lindelof explore en faisant de *The Leftovers* une sorte de contre-réponse au besoin des récits.

Les histoires semblent nous apporter un sens rassurant là où la vie humaine est souvent confrontée à l'inexplicable et à la discordance. Les récits rassurent les êtres que nous sommes en nous procurant une logique de complétude. Or, les auteurs de *The Leftovers* explorent ce paradigme pour mieux le démanteler, ils nous proposent de nous confronter à une expérience qui n'est plus tant fictionnelle au sens de Ricœur qu'existentialiste.

C'est peut-être aussi ce qui rend cette série si pertinente parce qu'elle prend le risque de nous mettre en quête de sens dans un monde qui en manque cruellement. En remettant le statut de la finalité narrative en cause, les auteurs de cette œuvre démontrent que la fin rassurante n'existe que dans les fictions, quel que soit le nombre de fois où elle se répète.

Vladimir LIFSCHUTZ

ETHOS : LE SILENCE EST-IL D'OR ?

Sortie le 12 novembre 2020, la série *Ethos* (*Bir Başkadır*) n'est pas la première série turque à se retrouver sur la plateforme Netflix mais c'est de loin celle qui a fait le plus parler d'elle. Traitant de multiples sujets de société en huit épisodes seulement, la série réalisée par Berkun Oya a été adulée tout autant qu'elle a dérangé. En tout cas, elle semble avoir soumis le débat public à une thérapie de groupe en mettant les sujets tabous sur la table.

Ethos s'organise autour de la relation entre Meryem, jeune femme sujette à des évanouissements périodiques, et Peri, psychiatre dans un centre hospitalier à Istanbul. Dans la lignée de *En thérapie* en France, on a affaire à une série psychologique qui met en scène un processus de thérapie centrée sur la parole. Présentée comme une série « lente et exigeante » sur Europe 1, elle a surpris l'audience qui s'est retrouvée devant la représentation d'une société turque « au bord de la crise de nerfs[1] ». Avec peu de dialogues et des plans esthétiquement remarqués, elle s'identifie davantage au cinéma indépendant de Turquie qu'aux séries produites localement qui incarnent le fameux *soft power* turc à travers le monde. Or, il semble que les silences marqués dans la série contrastent avec le dernier épisode qui met en scène une explosion des sentiments et de la parole, tout comme avec les polémiques enclenchées dans l'espace public en Turquie. C'est bien simple, chacun avait un commentaire à faire sur la série, même ceux qui ne l'avaient pas regardée.

---

1   *Ethos* sur Netflix : la série dramatique turque recommandée par Margaux Baralon, *Europe 1*, 16 décembre 2020. « https://www.dailymotion.com/video/x7y4dim » (vue le 17/05/2021).

UN SILENCE QUI RASSEMBLE MAIS À QUEL PRIX ?

« Ça ne sert à rien de la regarder, c'est comme si on regardait nos vies », m'a-t-on dit plusieurs fois, souvent des femmes d'ailleurs, vivant à Istanbul. Il faut dire que Berkun Oya a opté pour l'exposition de toutes les différentes problématiques qui animent la société aujourd'hui en Turquie. Chaque personnage semble incarner un problème spécifique à tel point qu'on a pu dire de la série qu'elle dressait une liste des maux de la Turquie plutôt qu'un panorama nous plongeant en profondeur dans la société turque.

Ethos met en scène Meryem, qui habite une petite maison dans la banlieue d'Istanbul, avec son frère Yasin, ancien commando, sa belle-sœur Ruhiye et leurs deux enfants. Meryem consulte donc Peri qui a elle-même comme superviseuse Gülbin issue d'une famille kurde et dont la sœur est voilée. Gülbin sort avec Sinan, jeune homme de classe aisée qui ne trouve pas de sens dans sa vie, chez qui Meryem travaille en tant que femme de ménage. Autour d'eux, quelques scènes montrent les parents de Peri, pour qui les femmes voilées sont comme des extra-terrestres, ou encore la famille d'origine kurde de Gülbin, ce qui permet d'aborder la thématique kurde et celle du handicap : le frère de la jeune femme est né handicapé, sûrement à cause des coups de pied donnés par des soldats turcs dans le ventre de sa mère lorsqu'elle était enceinte.

Revenons à l'histoire de Ruhiye, la belle-sœur, victime d'un viol dans sa jeunesse : elle vit dans l'ombre de ce trauma et se réfugie dans le silence ou des comportements incompréhensibles qui irritent son mari. Sûrement affecté par la situation, Ismail, son petit garçon, a lui aussi choisi le silence : c'est bien simple, il ne parle plus. Meryem et son frère, dans cette atmosphère familiale un peu spéciale, se tournent régulièrement vers l'imam du quartier pour se confier et recevoir des conseils. On entre alors dans la vie familiale de l'imam, avec sa femme et sa fille, Hayrunnisa, qui vit un processus d'affirmation de sa personnalité. Elle finira par enlever le voile devant son père et partir avec la jeune fille avec qui elle sort.

Nous nous retrouvons donc avec des personnages dont les catégories socio-économiques sont très différentes mais dont les chemins se croisent.

C'est le propre de la ville et encore plus d'Istanbul, une métropole toujours animée par l'exode rural, les migrations internes et externes et toutes sortes de mobilités. La série montre d'ailleurs des plans sur la ville, ses périphéries, les quartiers populaires et les grandes tours résidentielles. On suit les trajets de Meryem qui doit faire des kilomètres pour se rendre sur son lieu de travail, comme la plupart des Istanbouliotes qui passent minimum 1h30 par jour dans les transports en commun. Le réalisateur offre aussi à chaque fin d'épisode des extraits de films tournés dans la ville, datant d'une autre époque, relançant une vision orientaliste ou pour le moins conservatrice d'une ville qui s'est étendue à une vitesse éclair et qui aurait atteint les limites de son expansion et, par-là, de sa capacité d'accueil.

« *Ethos*, en montrant les vies de personnes issues de quartiers différents, attire l'attention sur le fait que c'est le silence qui nous unit », a constaté une journaliste de *Gazete Duvar*, journal de gauche en ligne. Un silence qui rassemble mais qui rend malade, qui peut tuer même, si l'on s'attarde sur la tentative de suicide de Ruhiye, qui sépare en tout cas et qui isole les individus les uns des autres, en construisant des murs d'incompréhension voire de violences. Certains commentateurs remettent ainsi en question le célèbre dicton selon lequel si la parole est d'argent, le silence est d'or.

Au-delà des silences, c'est surtout le réalisateur qui se veut rassembleur et utilise d'ailleurs beaucoup de messages parsemés tout au long des épisodes pour rappeler une certaine mémoire collective de la Turquie. Le titre turc de la série *Bir Başkadır* a été délibérément choisi pour ouvrir la voie à de multiples interprétations. On peut le traduire par « c'est autre chose » : autrement dit, chaque personnage qui nous est présenté aborde une grille de lecture différente de la vie et de ses obstacles. Cela fait écho peut-être à la fragmentation d'une société dont chaque individu interprète les événements à sa façon. *Bir Başkadır*, c'est aussi et surtout originellement l'extrait d'une chanson qui met en avant les sentiments patriotiques et nationalistes de ce pays (*memleket*) qui n'est comparable à nul autre. Dans cette chanson, on parle de son eau, de ses terres, de ses pierres, qui valent le sacrifice de mille âmes. Certes, elle est chantée ici par Ferdi Özbeğen, d'origine arménienne et connu pour son homosexualité, un clin d'œil aux minorités ? Cela reste une chanson des années 1970 qui évoque donc une Turquie marquée par les coups d'État et la mainmise militaire. C'est surtout la Turquie de l'enfance du réalisateur. Ce qui explique que certains aillent jusqu'à dire que c'est Berkun Oya qui entame sa propre thérapie à travers cette série. Finalement, malgré la dénonciation sous-jacente d'un certain conservatisme religieux dans la série, ne serait-ce pas plutôt le réalisateur lui-même qui serait nostalgique d'une Turquie du passé ?

UNE PAROLE FORCÉMENT LIBÉRATRICE ?

Le dernier épisode d'*Ethos* cristallise l'expression voire l'explosion des sentiments. Alors que tout au long de la série, le réalisateur Berkun Oya opte pour un rythme lent et des scènes de longs silences, notamment de la part des personnages féminins, dans ce dernier épisode, les acteurs et actrices retrouvent l'usage de leurs langues. Ici, le verbe turc « *dillenmek* » (s'exprimer), repris plusieurs fois dans les dialogues, met en lumière les problématiques soulevées par la série. Ce verbe a trois sens : le fait de commencer à parler pour un enfant, la prosopopée, c'est-à-dire le fait de faire parler, et le fait de faire l'objet de discussions voire de rumeurs. On pourrait décliner ces trois usages : d'abord, le petit Ismail, qui retrouve la parole et commence à parler, incarne le premier sens du verbe. Ensuite, le rôle du réalisateur-scénariste qui a été vivement critiqué, notamment par les groupes féministes, dans sa position encore une fois dominante l'autorisant à faire parler des femmes incarne la prosopopée. C'est lui qui donne la réplique et qui fait parler ses acteurs dans des dialogues lourds de sens face auxquels l'audience se sent chargée d'un devoir de compréhension et de réaction. Enfin, le dernier sens du verbe est incarné par les débats houleux qui ont fait suite à la sortie de la série.

Le huitième épisode s'ouvre ainsi sur le retour de Ruhiye, qui était partie au village affronter ses vieux démons, et qui comme si de rien n'était, revient au foyer familial, débarrassée de ses traumatismes. Elle est accompagnée de son fils, Ismail, qui a soudainement retrouvé la parole. De son côté, Hayrunnisa, la fille de l'imam, se confronte à son père en lui montrant qu'elle ne portera plus le voile. Les femmes semblent ainsi retrouver leurs voix alors que les hommes se laissent aller à l'expression de leurs sentiments par les larmes. C'est le cas du mari de Ruhiye, Yasin, l'ancien soldat, qui finit par pleurer dans les bras de sa femme ainsi que de Sinan, le célibataire qui enchaîne les conquêtes sans y trouver de sens, qui pleure aux toilettes sur le foulard de Meryem, sa femme de ménage et la protagoniste de la série. C'est donc un épisode cathartique qui s'expose aux limites des normes audiovisuelles habituelles. La scène de Sinan aux toilettes a ainsi provoqué un déferlement d'appels à la censure de la part des journaux conservateurs. Dénonçant une utilisation du voile comme un objet sexuel, les détracteurs ont accusé la série de bafouer les valeurs morales et nationales de la Turquie en se demandant pourquoi le RTÜK (Radyo ve Televizyon Üst Kurulu), le Conseil suprême de la radio et de la télévision, restait aussi silencieux. Il faut dire que le RTÜK est connu pour son rôle actif au niveau des séries nationales et depuis août 2019, il a effectivement un droit de regard sur les séries Netflix.

Est-ce pour autant une série que l'on peut considérer comme engagée politiquement contre le gouvernement ? En fait, chaque groupe s'est senti critiqué et surtout essentialisé par la série. Les lectures faites par les uns et par les autres contrastent et dévoilent des grilles de lecture différentes. Les journaux conservateurs ont appelé à la censure suite à certaines scènes jugées obscènes et dénoncé la figure de la femme voilée incarnée par la sœur de la superviseuse Gülbin. Pour eux, la sœur présente le style vestimentaire des « Süslüman », une expression méprisante qui combine l'adjectif *süslü* (superficielle, fantaisiste) et *müslüman* (musulman) qui induirait l'idée que certaines femmes voilées seraient plus concernées par leur aspect physique que par leurs croyances. Au contraire, le personnage de Meryem a pu être considéré comme une reprise des messages du gouvernement : une fois de plus, on présenterait un personnage voilé dans la position de victime alors que « désormais les femmes voilées sont assises dans le Palais », en référence à la femme du Président et à leur palais construit récemment à Ankara. Les libéraux plutôt attachés aux valeurs kémalistes ont dénoncé la caricature dont ils faisaient l'objet dans la série avec le personnage de Peri, diplômée du Robert College, qui ne tolère pas le voile et pratique le yoga, et sa famille.

Les groupes féministes ont dénoncé une nouvelle entreprise de domination masculine où un homme, le scénariste et réalisateur, donne la réplique aux femmes. Sans vraiment tendre l'oreille à ce qui se passe dans la société, on retrouve un langage masculin, voire sexiste. La place du mariage a notamment été relevée : il semble encore jouer un rôle prépondérant dans la vie de Peri comme dans celle de Meryem, qui s'évanouit en découvrant l'alliance glissée dans son sac, à la fin de la série. Tout en voulant les mettre au centre, on voit bien que les femmes sont tirées vers le bas par les hommes tout en étant isolées les unes des autres alors qu'elles pourraient reconstruire leurs vies en se soutenant les unes les autres. « Elles pourraient être un remède les unes pour les autres. Et pourtant, malheureusement les classes sociales, les identités, les croyances ont construit des murs épais entre elles, et Berkun Oya, comme à chaque fois dans ce genre d'histoires, au lieu de voir ce qui unit ces femmes, a tourné sa caméra vers ces murs avec un regard défaitiste », précise la revue féministe *5Harfliler*[2].

D'autres milieux militants ont dénoncé l'image criminalisante ou politiquement intéressée qui a été donné aux Kurdes. D'un côté, le rôle du violeur est une nouvelle fois attribué au Kurde, reconnaissable par le public turc à sa tenue vestimentaire et son accent, alors que Yasin, le mari sauveur, est un ancien commando. De l'autre côté, la sœur de Gülbin et son mari semblent incarner une fraction de la population kurde qui voterait AKP, avec une voiture de luxe et une certaine façon de mettre le voile. Autant de réactions et de lectures qui nous en apprennent davantage sur la Turquie d'aujourd'hui.

Il faut dire que ces interprétations et débats trouvent leur origine dans la personne de Berkun Oya, qui avec son bagage professionnel et personnel, a donné libre cours à des clichés qui sont véhiculés de longue date dans la société. D'où la référence à la prosopopée : une figure de style rhétorique qui consiste à donner la parole à des personnes mortes ou absentes, à un animal ou une abstraction. Une critique qu'on a effectivement pu adresser au réalisateur qui nous force un peu la main pour nous imposer une certaine grille et nous replonger violemment dans une certaine mémoire collective.

Au-delà de ces critiques, c'est la volonté constante du réalisateur d'imposer une catégorisation qui est relevée dans différents commentaires. C'est de nouveau l'enfermement dans des schémas, dans des diagrammes où les identités sont réduites à des parts de camemberts colorés.

---

2   Haziran Düzkan, "Ethos : Don't ever call it fate", *5Harfliler*, 16 janvier 2021. « https://www.5harfliler.com/ethos-dont-ever-call-it-fate/?fbclid=IwAR1ldb0ui5WzYaE20e0QaI qDJEEUYaUBvGvdxnzoyG6lsKEBIaTJquXrYI8 » (vue le 17/05/2021).

C'est l'apport principal de la série d'avoir soumis au débat public des éléments de discussion intense et de mettre la série sur toutes les langues, notamment sur des sujets qu'on pourrait considérer comme tabous : le viol, l'homosexualité, l'adoption, le handicap, la consultation psy même. Le dernier épisode est donc une illustration de la parole libératrice et la fin de la série a fait couler l'encre : sociologues, journalistes, Youtubeurs, politiques, tout le monde a donné son avis et son interprétation de la série et des thématiques qui y sont abordées.

LE DERNIER ÉPISODE, UNE PAIX SUBIE : COMMENT ALLER AU-DELÀ DU DÉBAT SUR LA POLARISATION ?

Beaucoup ont comparé le silence des premiers épisodes de la série aux tabous et aux processus de refoulement bien installés dans la société en Turquie, quelle que soit la classe en question. Surtout, il a été dit de cette série qu'elle avait permis de délier les langues et d'avoir un sujet commun sur lequel échanger malgré la « polarisation » ambiante.

Dans le dernier épisode, chaque situation se dénoue, trop rapidement même, ce qui a pu être critiqué. Certains commentateurs dénoncent une « paix subie », l'imposition d'un discours selon lequel « nous sommes tous des frères et sœurs ». Le patchwork du visuel de la série donne l'idée d'une mosaïque, une image qui colle à la peau de la Turquie, la présentant comme un havre de multiculturalité, et qui peut déranger si on la confronte à un héritage de discriminations, d'invisibilisation voire de massacres pour certaines populations. Alors que pendant toute la série, le réalisateur force le trait pour peindre une société fragmentée et polarisée, le dernier épisode impose un happy end qui a pu être mal vécu.

Ce terme de polarisation (*kutuplaşma*) qui est systématiquement utilisé pour désigner la Turquie a été largement repris dans l'analyse de la série. D'ailleurs, la référence au titre international *Ethos*, qui désigne un système de principes pratiques et automatiques, pas forcément réfléchis mais qui guident nos actions, peut faire écho aux comportements dictés par les réflexes de polarisation. C'est ce que pointe du doigt Bekir

Ağırdır, le directeur de Konda, une des entreprises de sondage les plus importantes de Turquie. Selon lui, la polarisation sert la manipulation politique dans la mesure où elle conditionne les individus à envisager les problèmes en fonction de sa position politique et non de repérer les acteurs réels de ce problème. Une enquête de Konda montre que 64 % des individus interrogés se comportent en fonction de ces pôles répartis autour de la position dans l'échiquier politique, le rapport à la religion, l'origine ethnique quand ils participent à un débat social ou politique. Cette posture, qui est maintenant un réflexe, déclenche alors une chaîne de préjugés qui rend la plupart des débats stérile.

La série a tendance à s'enfermer dans cette polarisation tant décriée alors qu'on pourrait aussi s'intéresser à cette « zone grise », comme le conseille la journaliste d'*Al Monitor* Nazlan Ertan. Une zone entre les deux extrêmes, islamo-conservateurs d'un côté et laïcistes kémalistes de l'autre, la majorité de la société en bref. Des individus mobiles et inscrits peu ou prou dans la mondialisation, qui circulent entre les différentes sphères sociales, économiques et culturelles, par leur profession, la multiplication de leurs rôles sociaux, la politisation accélérée ces dernières années.

D'ailleurs, Konda a aussi réalisé une enquête montrant qu'en termes de culture populaire, la consommation des séries locales et des programmes du type *Survivor* (l'équivalent de notre *Koh-Lanta*) ou *Master Chef* faisaient l'unanimité, quelle que soit l'orientation économico-politico-sociale des spectateurs et spectatrices. Comme quoi, peu importe le niveau de « polarisation » d'une société, la culture populaire permet de trouver des terrains d'entente. Même si les débats ont été houleux pour la série *Ethos*, cela a surtout été l'occasion pour le Netflix Turquie de lancer des belles campagnes publicitaires où l'on pouvait lire « Les séries et les films turcs diffusés en même temps dans 190 pays : maintenant, c'est à eux de regarder avec les sous-titres ».

Solène POYRAZ

LES CENT FINS DE *RECTIFY*

Tu m'as soustrait à l'ordre naturel des choses (…). En te perdant, je
prends conscience de ma diversité.
Qu'adviendra-t-il de moi ? Ce sera comme
vivre tout près d'un autre moi-même, qui
n'a rien de commun avec moi. Faut-il
toucher le fond de cette diversité que tu
m'as révélée, et qui est ma vraie nature
angoissée ?

Pietro, *Théorème*, réalisé par Pier Paolo
PASOLINI (1968).

L'ordre naturel des choses a été perdu depuis longtemps, et il ne reviendra pas. La sortie de prison de Daniel, injustement condamné vingt ans auparavant pour le meurtre d'Hanna Dean qu'il n'a pas commis, ne rétablit ni sa famille ni la communauté de la ville de Paulie, dans la continuité du monde qu'elles avaient connu. Le retour de Daniel affecte chaque membre de son entourage, et ne fait qu'ébranler des équilibres fragiles de la vie des personnages. L'exercice pour eux consiste alors à se reconstruire patiemment, car aucun dernier épisode ne peut prétendre apaiser les souffrances et remettre en ordre ce qui ne l'a jamais été. Toute la série est l'inventaire d'une liquidation qui ne viendra pas.

De Daniel, l'absence et la présence sont tout autant bouleversantes. La seule révélation qui tienne est que le merveilleux ne surgit pas du quotidien, et tient seulement dans ce qui relie les êtres. C'est à une maïeutique pour chacun qu'invite le *showrunner*, Ray McKinnon[1], avec une tendresse marquée pour ses personnages, mais sans jouer les démiurges pour les élever au-delà de leur condition. Daniel n'a pas les clefs pour se sauver lui-même ou sauver les autres, et c'est dans leur

---

1   C'est d'ailleurs lui qui écrit et réalise le dernier épisode.

effort collectif que tout se joue. D'où la multiplication dans la série, et particulièrement dans le dernier épisode de scènes « chorales » où tous les protagonistes sont réunis. Daniel, exilé, ne leur parle cependant qu'au téléphone, et la scène importante où son avocat vient échanger avec lui de vive-voix rappelle qu'en dernière instance tout se résume à une confrontation entre un homme et le droit, entre Daniel et le système judiciaire. La série suggère peut-être que la possible réhabilitation de Daniel lui permettra d'avancer comme jamais encore, mais il se peut aussi que le léger état de stase dans lequel il se trouve l'enveloppe définitivement. Son avenir risque davantage de ressembler à ce qu'il a vécu depuis qu'il a échappé à la peine de mort qu'à un bonheur foudroyant. Il lui faut accepter que, même avec la liberté retrouvée, le monde n'est pas davantage que ce qu'il en a vu.

DÉJOUER LA FIN

Pas de fin possible parce que la série a patiemment déjoué tout ce qui était attendu. Daniel devait être innocenté, il plaide coupable. Sa libération du couloir de la mort devait apporter l'apaisement des siens, elle est une butée irrésolue. Dans *Rectify,* les personnages sont épuisés, parlant toujours comme dans un souffle. La musique mélodramatique de Gabriel Mann accompagne certaines scènes de dialogues de façon inattendue, comme si elles revêtaient une importance considérable et relevaient d'une révélation et d'un aboutissement, alors qu'elles sont parfois banales. C'est que chaque dialogue est suspendu, chaque rencontre entre les personnages a une densité improbable.

Les toutes dernières images se conforment à l'attente supposée, lorsque Daniel retrouve Chloe et son enfant, nimbés de lumière dans un champ de fleurs[2]. Elles sont un rêve plutôt qu'un *flash-forward* (plusieurs plans montrent Daniel allongé sur son lit). Le chromo du soleil couchant est

---

2   C'est cette vision finale qui a déterminé toute l'écriture du dernier épisode. Ray McKinnon dit de Daniel qu'il « décide qu'il veut vivre, malgré tout. J'ai compris qu'il ne pouvait pas baisser les bras, parce que tant de gens s'étaient battus pour lui. Et que je ne pouvais pas le laisser tomber, moi non plus. » *Cf.* Pierre Langlais, *Créer une série*, Paris, Armand Colin, 2021, p. 259.

l'achèvement obligé des contes de fées, mais déjoué ici par son caractère onirique. Car la série a minutieusement tout déjoué, si bien que toute fin est vidée de sa substance. Elle déjoue la critique politique démonstrative de l'enquête bâclée et du système judiciaire : tout est suggéré par petites touches, et les moments où Daniel est filmé dans sa cellule fonctionnent comme des *exempla*. Elle déjoue la réhabilitation du héros qui retrouverait sa place rapidement et reprendrait une vie normale : Daniel reste désaxé, abîmé et hypersensible (comme il l'était avant), mais sa présence sert de révélateur aux autres personnages, qui vacillent sur leurs certitudes et interrogent leurs désirs profonds. La série déjoue l'idée d'un personnage à ce point réflexif qu'il comprendrait tout ce qui lui arrive. Au contraire, Daniel subit tout, reste perdu, parfois brutal, n'ayant pas toujours la « bonne » réaction au moment attendu.

Rectify a en réalité déjà intégré des « fins » dans son récit même : tout commence par la fin d'une peine de prison puis le suicide d'un des violeurs d'Hanna ; on assiste à la fin du couple formé par Teddy et Tawney, et par celui d'Amantha et Jon ; à la fausse couche de Tawney ; l'enquête sur l'assassinat qui avait conduit Daniel au seuil de la mort est finalement bouclée, et le principal artisan de sa condamnation voit sa carrière achevée par un accident vasculaire (perdant littéralement l'usage de la parole, il ne peut plus accabler Daniel) ; une fin est actée aussi avec l'exécution de Kerwin, que Daniel raconte à son psychothérapeute dans le dernier épisode ; fin aussi de toute vie de famille pour Daniel, qui est banni de l'État de Géorgie et envoyé dans un centre spécialisé à Nashville (une terre promise nommée « New Canaan Project »).

Quelques conclusions attendues émaillent bien sûr ces ultimes moments, comme la vente du magasin de pneus ayant appartenu au père de Daniel, et le départ de Chloe, son amie. Daniel avait déjà connu une première fin, arraché au monde de l'adolescence par son enfermement, mort chaque minute dans le couloir qui mène à l'injection létale, toujours filmé dans un blanc laiteux, purgatoire terrible, comme hors du temps et du monde[3] (Amantha dit d'ailleurs que Daniel est comme Lazare revenu d'entre les morts). Au troisième épisode, on le voyait retrouver au grenier les objets de son passé, sur l'air de Stone Temple

---

3   Sarah Hatchuel y voit un écho de la chambre rouge de *Twin Peaks*, un lieu d'attente où tout est possible. « Histoire en séries », novembre 2020 « https://open.spotify.com/episode/4rNMJdBTBRB19WB0cVxZ0t (écouté le 06/03/2021) ».

Pilots « Creep », la caméra se tenant à distance de ce Daniel découvrant tout ce qu'il avait manqué en deux décennies. La prison ne l'aura pas rectifié. En tant qu'innocent[4], il n'allait ni y être édifié, ni s'y amender. Il devait juste y être tué, le contraire d'une « seconde chance ». Juste exister dans une salle d'attente, un lieu de violence pure, en attendant le jour fatidique. Même le moment puissant où Daniel est baptisé et met fin à son ancienne vie (S1E5), révèle surtout quelque chose de sa relation avec Tawney, donc dans une horizontalité, sans communion verticale avec une puissance surnaturelle. Le « miracle », c'est la pieuse Tawney elle-même, qui l'a convaincu de se purifier de ses péchés et l'accompagne dans sa nouvelle vie, tandis que la sienne se disloque. Daniel rit puis pleure, tremblant de constater que ce qu'il avait vécu avant était « le rêve d'un homme mort ».

Les mues internes d'une série, via par exemple des remplacements successifs de personnages ou leur mort, est encore ce qui permet le mieux de préparer à la disparition même du récit. *Rectify* a pratiquement gardé tout le monde, mais comme c'est une série qui déjoue tout, elle a aussi déjoué en amont le problème de son achèvement. L'enjeu d'un épilogue de *Rectify* serait que Daniel reprenne une vie « normale », trouve l'amour et un équilibre intérieur. Or ce n'est pas ce que propose le dernier épisode, car ce serait un nouvel enfermement, cette fois dans les clichés du genre. Une *happy end* avec violons de rigueur aurait été un écrasement du personnage, alors que toute la série le présente comme un désaxé touchant. Il fallait donc conserver ce décalage, garder un personnage maladroit et sans place absolue. Du reste, pourquoi Daniel trouverait-il sa place, là où les autres personnages n'ont fait qu'errer ? *Rectify* explore la rectification permanente des positions des uns et des autres, souvent au contact de Daniel, leurs ajustements et leurs émotions liées à ces déplacements. La mère de Daniel continue d'être triste en début d'épisode, alors même que son fils va beaucoup mieux, l'existence de Tawney a été définitivement bouleversée par la présence de Daniel, son employeur semble maintenant douter de ses anciennes certitudes, le shérif Daggett et la mère même d'Hanna ne croient plus que Daniel l'ait tuée, Jon a quitté sa société d'avocats, et Amantha pense qu'elle a eu une épiphanie (après avoir fumé du cannabis…). C'est elle cependant qui prononce le mot « rectify » pour la seule fois dans la série, actant

---

4   C'est en tout cas la conviction de l'auteur de ces lignes…

justement que rien ne pourra rectifier le passé. Les seules perspectives sont donc devant les uns et les autres.

L'ATTENTE

L'attente de la fin de la série est confiée aux personnages eux-mêmes, pour en décharger les spectateurs. C'est bien dans la diégèse que l'espérance peut prendre place, même lorsqu'elle deviendra invisible avec l'arrêt de la série. Non pas parce que c'est à la fiction de boucler ce qu'elle a entamé, mais parce qu'au contraire c'est à elle de le laisser ouvert. La fin la plus apaisante n'est pas nécessairement la fin heureuse, mais celle de la promesse. Jusqu'aux frontières du fantastique, avec lequel la série flirte par des « apparitions », des rencontres étranges que fait Daniel, mais sans y revenir à la dernière saison. La fin qui ouvre vers un autre « et si », pas celui du *cliffhanger* ni de la résolution, mais celui qui témoigne que les personnages ont encore des projets. L'interruption est factice, comme dans le dernier plan des *Soprano*, le meilleur est peut-être tout près, comme le suggère la marche hésitante d'Angela Abar à la fin de *Watchmen*, et la consolation peut venir de la seule parole, dans la description de l'autre monde que fait Nora à Kevin dans *The Leftovers*.

Mots toujours, lorsque Daniel, dans son groupe de parole se demande si sa vie est conforme à ses attentes (un de ses partenaires lui répondant que le fait même qu'il ait des attentes est une bonne chose en soi). Teddy Sr, le beau-père de Daniel veut savoir ce qui l'attend après la vente du magasin de pneus. Ce n'est pas le jour de la vente qui l'intéresse, mais le lendemain ; le jour qui suit l'arrêt de la série. Amantha s'inquiète d'avoir déçu les attentes de sa mère, qui faisaient d'ailleurs écho aux siennes (quitter Paulie pour de bon), dans une vie par procuration nécessairement déceptive. Daniel a fait renaître les personnages, et ils ne cessent de se projeter dans une nouvelle vie à écrire, comme si leur âge n'avait pas d'importance, comme s'il n'avait pas réellement vécu auparavant. Un nouvel apprentissage, dont on ne verra pas la réalisation, comme si le récit avait simplement disposé ses pierres d'attentes. « Il peut encore devenir écrivain, ou tout ce qu'il veut. », dit Amantha à propos de

Daniel. « Bienvenue » dit Pickle à Daniel, alors qu'il a rejoint ce groupe de parole depuis le début de la saison. À quoi, un peu plus tard, Daniel répond en trinquant au « début d'une belle vie » pour Pickle. *Rectify* fait la promesse que les personnages vont aller de l'avant, que Daniel n'est pas le seul à devoir tout réapprendre, et que pour tous il n'y a que des étapes, pas d'épilogue.

Le dernier épisode ne rejette pas cependant certains passages obligés : la famille se retrouve presqu'au complet dans le magasin de pneus, et il se dégage une impression flottante de bonheur, qui est précisément lié à diverses résolutions (la réouverture de l'enquête sur le meurtre d'Hanna qui pourrait disculper définitivement Daniel, le nouveau travail de Pickle, le nouveau couple d'Amantha, la vente du magasin qui libère Teddy père et fils). Le montage raccorde sur des rires partagés en des lieux et à des tables différentes, comme si le temps de l'espoir était à nouveau synchrone pour tout le monde.

Cet ultime moment semble même donner le cadrage que les spectateurs doivent emporter avec eux : un jour « mémorable », une « journée bénie », disent Teddy père et Tawney, Daniel qui se déclare « prudemment optimiste » pour la suite (une manière comme une autre d'aborder la vie), des affiches « last day » sur le magasin de pneus, et les regards tournés vers l'avenir. L'épisode est là un peu différent des précédents, mais chacun d'entre eux aurait pu être le dernier, car c'est la même attente d'une fin toujours retardée qui les traverse. Amantha encore dit qu'elle pensait qu'en faisant libérer Daniel ils vivraient tous « happily ever after », comme dans la dernière phrase des contes de fées, mais elle annonce en fait ce qui ne va pas se produire.

L'épilogue ne lève pas tous les mystères, et récuse l'idée d'une révélation qui transporterait l'âme[5]. Il acte au contraire que la fiction ne peut pas tout, qu'elle ne peut aller au-delà d'elle, et peut à peine agir sur ses propres personnages. On pourrait bien se conformer au code narratif de la dernière image, à l'apparition du mot fin, mais *Rectify* n'entend pas poser un dénouement artificiellement heureux, déjouant même le baiser entre Daniel et Chloe (il a eu lieu dans un épisode précédent, S4E4). La situation de Daniel est moins tendue, mais personne

---

5   Une idée que développe Claire Cornillon dans *Sérialité et transmédialité. Infinis des fictions contemporaines*, Paris, Honoré Champion, 2018.

ne pourra plus revenir à l'innocence. Ce que Daniel n'aura pas accompli pendant le temps volé de sa détention ne reviendra pas, la privation de l'être, de l'amour et du monde, et c'est bien cette perte qui creuse les personnages. La « fin » peut cependant rester ouverte, car ce qui compte est tout ce que Daniel peut encore accomplir, et qu'avec élégance la série lui laissera faire loin des regards.

Emmanuel TAÏEB

LE *SPIN-OFF* OU LES LIMBES DES SÉRIES

« Il n'est jamais facile de se séparer d'une série », remarquait la philosophe Sandra Laugier en juin 2019[1] : « pour *Game of Thrones* c'est particulièrement impossible (...), c'est ma vie sans *GoT* qui se profile ! » Ma vie de spectateur, d'abord, que les personnages de la série ont accompagnée pendant 10 ans ; et cette attente, ce suspens de chaque semaine consistant à se demander quelle surprise – quelle mort – nous réserve l'épisode suivant. À chaque saison, on en prend pour deux mois incompressibles, à raison d'un épisode par semaine, diffusés au compte-goutte, avec parcimonie par la chaîne HBO, bien loin des robinets de séries que constituent les plates-formes de streaming, où l'on peut *binge watcher* une saison entière en un week-end – *Game of Thrones* sur *Netflix* n'aurait aucun intérêt. Du côté des *showrunners* et autres producteurs, c'est le dragon aux œufs d'or qui disparaît. D'où l'idée de créer un *spin-off* ou « série dérivée » – littéralement, « sous-produit ».

Pour *Game of Thrones*, pas moins de quatre projets ! D'abord, *House of the Dragon* qui devrait sortir « courant 2022 » : un « préquel » se déroulant 300 ans avant *GoT*, et qui raconte la chute de la maison Targaryen. Mais au moins trois autres *spin-off* seraient en développement : *10 000 Ships*, une série animée sur la princesse Nymeria, fondatrice de Dorne qui se déroulerait... 1000 ans avant la série culte ! Ensuite une série s'intéressant au petit peuple ou aux gens « normaux » – comme Ser Davos – plutôt qu'aux héros, et se déroulant dans le quartier pauvre de Culpucier à Port-Réal (titre éventuel : *Flea Bottom*). Enfin, *9 Voyages* ou *Sea Snake*, une série sur Lord Corlys Velaryon, l'un des personnages de la série *House of the Dragon*, elle-même *spin-off* de *GoT* ; ce qui veut dire que ce serait un *spin-off* de *spin-off* – vous suivez ? Bref, après avoir inventé le *spoiler*, *Game of Thrones* devrait donner au *spin-off* ses lettres de noblesse – « *your grace* » !

---

1 https://aoc.media/critique/2019/06/10/retour-sur-game-of-thrones-une-experience-personnelle-augmentee/ (consulté le 05/07/2021).

Le *spin-off* ou comment faire du neuf avec du vieux ; une manière de créer d'autres histoires, d'autres mondes et d'autres personnages, tout en conservant l'autorité d'une franchise – ou d'une maison – bien connue, pour garantir un succès. En même temps, ça peut sentir le réchauffé… Comme dans la publicité des années 1980, le *spin-off* est un peu le « Canada Dry » d'une série : avec la même couleur, le même goût, mais sans être la même série. Le *spin-off* est-il donc une renaissance, voire la résurrection d'une série qui a pris fin ? Ou plutôt, les limbes, pour ne pas dire, le purgatoire des héros, prisonniers, comme Alain Delon dans *Le passage* entre la vie et la mort – avec Francis Lalanne, en plus ? Ou encore, comme le chat de Schrödinger, entre l'être et le néant ? D'ailleurs, dans quelle mesure le *spin-off* est-il la même série – ou pas ? Problème métaphysique fondamental, évoqué par Aristote dans l'Antiquité ou John Locke au XVIIᵉ siècle : si vous changez la lame cassée d'un couteau, s'agit-il du même couteau, puisque c'est bien le même manche… Et si « l'âme – ou l'esprit – d'un prince » se trouve projetée dans le corps d'un simple cordonnier, s'agit-il du même homme ou de la même personne ? Que reste-t-il du prince ? De la même manière, que reste-t-il d'une série dans son *spin-off* ? Son « âme » a-t-elle survécu à cette résurrection ? Ou bien ne s'agit-il que du nom – de la marque –, d'une coquille vide ? Si non, qu'est-ce qui fait l'âme d'une série – ses personnages, ses décors, son histoire ?

On comprend que le *spin-off* est une manière d'échapper à la fin d'une série, ou plutôt, de lui offrir un au-delà, une vie après la mort : tout en mettant un point final à la série d'origine – qui réunit en général beaucoup de téléspectateurs, donc, ce serait dommage de s'en passer – on peut encore explorer le monde – et surtout, exploiter le nom. Difficile, d'ailleurs, de savoir en quoi le *spin-off* est un *spin-off* et, comme pour le couteau, en quoi ce n'est pas la même série. C'est d'autant plus difficile que toutes les séries n'ont pas de fin, parce qu'elles ne racontent pas vraiment une histoire.

DES HISTOIRES SANS FIN

Une série qu'est-ce que c'est ? Une fiction télévisuelle divisée en
« épisodes » liés les uns aux autres par... quelque chose : l'intrigue
(l'histoire), le(s) personnage(s), le décor ou le thème. Historiquement, le
premier genre apparu aux États-Unis est sans doute la « sitcom », avec
I love Lucy, diffusée sur CBS entre 1951 et 1957, bien avant que *Friends*
(1994-2004) ne marque l'histoire de la télévision[2]. Mais si Ross et Rachel
s'aiment et se séparent, les personnages n'évoluent pas vraiment. Ils
existent de toute éternité – *sub specie aeternitatis*, comme dirait Spinoza.
Ils sont plutôt figés et « stéréotypés » – c'est pour ça qu'on les aime.
C'est à peine s'il y a une histoire à chaque épisode, mais plutôt une
« situation » – comme l'indique le nom « sitcom ». Par la suite, la série
a pu prendre la forme d'une « anthologie », en particulier avec *Alfred
Hitchcock présente* – ou *La quatrième dimension* –, avec une histoire et des
personnages complètement différents entre les épisodes, dont le seul
point commun est un thème : policier, fantastique. Récemment, la série
Black Mirror était de ce genre. Difficile, alors, d'imaginer un *spin-off*,
puisqu'il n'y a de toute façon aucun rapport entre les épisodes. À l'heure
actuelle, nous sommes plutôt habitués aux séries « feuilletonnantes »
qui racontent une histoire, avec un début, un milieu et une fin, et un
scénario qui se répartit sur une ou plusieurs saisons. Typique du genre,
Game of Thrones, avec ses intrigues, ses morts, ses *spoilers* et ses points de
non-retour ; les personnages qui meurent ne peuvent pas revenir et le
« final de la série » est effectivement la fin de l'histoire. *Breaking Bad*, les
Soprano ou même *Le bureau des légendes* sont aussi des sortes de films très
long qui s'étalent – et s'étirent – sur cinquante ou quatre-vingts heures.
Le *spin-off* peut être alors un moyen de ressusciter une série, alors même
que l'histoire est terminée ou bouclée. Mais ce genre de série est plutôt
récent : dans les années 1970 et 1980, on préférait – ou on produisait – des
« séries bouclées », justement, ainsi nommées parce qu'elles tournaient
en boucle : dans *Columbo*, *Shérif, fais-moi peur* ou même *L'incroyable Hulk*,
chaque épisode est indépendant des autres, et ce qui fait le lien est en

---

2   Sur cette petite « histoire des séries, voir Karine de Falchi, *Écrire une série télé*, chapitre 2,
     Eyrolles, 2016.

général le héros qui peut avoir un but très lointain pour justifier le fait que la série se poursuive ; un genre « d'idée régulatrice » comme dirait Kant, que l'on a en ligne de mire, tout en sachant qu'on ne l'atteindra jamais ; David Banner voudrait bien trouver le remède à son overdose de rayons gamma ; Adrien Monk voudrait retrouver l'assassin de sa femme et dans *Code Quantum*, Sam voudrait bien rentrer chez lui… En attendant, tous ces héros malgré eux, comme *Le prisonnier*, doivent boucler l'intrigue de chaque épisode, avant d'être à nouveau enfermés dans l'épisode suivant ; leur but semblant être justement de sortir de leur série qui n'est qu'un éternel recommencement – sans même parler de *Star Trek* dont le principe est de partir explorer l'univers, sans fin. Toutes ces séries à la mode dans les années 1970 et 1980, n'ont donc pas vraiment de fin, parce qu'elles ne racontent pas vraiment d'histoire, sinon à chaque épisode : du coup, elles s'arrêtent plutôt quand il n'y a plus de téléspectateur, ou « d'audience ». Dès lors, il semble bien inutile de créer un *spin-off*, puisque la série d'origine elle-même est à bout de souffle – diffusée jusqu'à ce que mort s'en suive[3].

Disons que la fin d'une série « bouclée » lui est *extrinsèque* – ou extérieure, si on préfère – et se réduit à son terme. Mu par un principe d'inertie, ce genre de série pourrait continuer indéfiniment si les impératifs économiques ne lui mettaient pas un coup d'arrêt. D'ailleurs, la série des *New York* (*Law & Order*), commencée en 1990, continue aujourd'hui avec *Unité spéciale*. Les séries « feuilletonnantes », au contraire, ont une fin *intrinsèque*, inscrite dans la logique narrative de la série, dont les épisodes et les saisons sont censés la mener à son achèvement. En télévision, comme dans la vie, il y a donc plusieurs sens au mot fin – ou

---

3   À ce titre, on peut évoquer l'étrange cas de la série *Mentalist* (2008-2015) avec le beau Simon Baker, qui n'a pas su choisir son genre : il s'agit avant tout d'une série « bouclée » avec l'inévitable « consultant » de la police, Patrick Jane qui lui aussi, à la manière de Monk, recherche vaguement l'assassin de sa femme. Mais si la plupart des saisons consiste à résoudre une affaire différente à chaque épisode, la série se transforme peu à peu en feuilleton – sans doute inspirée par le modèle émergeant alors sur Netflix qui lance *House of Cards* en 2013 : les deux dernières saisons du *Mentalist* (6 et 7) se concentrent et se consacrent alors essentiellement à la poursuite de John le Rouge, tandis que deux acteurs – et personnages – récurrents disparaissent ; ce qui rend la série d'autant plus intéressante. Le problème, c'est qu'on regrette un peu que le créateur (Bruno Heller) ait fini par trouver le concept de sa série au bout de 6 saisons. Cela dit, ces errements sont peut-être justement le témoignage du changement d'époque ; où l'on passe des séries TF1 (« bouclées », procédurales, etc.) aux séries Netflix (ou HBO), dites « feuilletonnantes ».

mort – comme le souligne Heidegger, dans *Être et temps* – après Kant et Spinoza, ça fait bien : « Finir ne signifie pas nécessairement s'achever. [...] La pluie cesse. Elle n'est plus là-devant. Le chemin cesse. Ici finir n'entraîne pas la disparition du chemin mais cette cessation détermine au contraire le chemin comme le chemin là-devant que voici[4]. » Si le chemin ne menait nulle part, il n'existerait tout simplement pas : de la même manière, la série « feuilletonnante » doit bien se finir, parce que c'est quand même la promesse de sa fin qui accroche le téléspectateur.

En fait, la série telle qu'on la connait aujourd'hui, avec son intrigue continue sur plusieurs saisons, ressemble plutôt à ce qu'on qualifiait de « feuilleton » à l'époque, dans les années 1970-1980, d'ailleurs centrés sur des intrigues sentimentales, genre *Santa Barbara*, tournés en intérieur, interminables et justement appelés *soap*, parce que les pages pubs vantaient des marques de lessives, vu que c'étaient les ménagères de moins de 50 ans qui regardaient.

Mais ça, c'était avant...

PETITE HISTOIRE DU *SPIN-OFF*

Le dimanche 2 avril 1978 est diffusé le premier épisode de *Dallas* (à partir de 1981, en France). Sans doute une série pionnière, et pas seulement pour ses gisements de pétrole : d'abord, parce qu'elle est peut-être la première à mettre en scène un anti-héros, J.R. La petite histoire veut que le personnage – à la manière de Boba Fett dans *Star Wars* – n'apparaissait pas plus qu'un autre lors de la première saison ; mais il a tellement plu aux téléspectateurs, qu'il est devenu le personnage principal. Ensuite, *Dallas* est sans doute le premier « feuilleton » qui ne soit pas un *soap* : diffusé en soirée plutôt qu'en journée, il est plus trash et moins romantique, même si l'on est encore bien loin des séries feuilletonnantes du XXIᵉ siècle, puisque Bobby Ewing (Patrick Duffy) est carrément ressuscité après sa mort. Pourquoi faire un *spin-off*, si l'on peut à ce point s'arranger avec l'histoire ?

---

4   M. Heidegger, *Être et temps*, § 48, trad. F. Vezin, « Bibliothèque de philosophie », Gallimard, 2019, p. 298-299.

Le plus généralement, le *spin-off* emprunte un personnage secondaire de la série d'origine pour en faire le personnage principal de la nouvelle série. Ainsi, la série *Angel* « dérivée » de *Buffy contre les vampires*, ou *Private Practice*, un *spin off* de *Grey's Anatomy*. Dans ce sens, le premier *spin-off* de l'histoire humaine est sans doute *L'Odyssée* d'Homère, qui raconte le retour d'Ulysse, personnage secondaire de *L'Iliade*, centrée sur le personnage d'Achille à la guerre de Troie. Mais si l'on saute quelques millénaires jusqu'à l'ère des séries télé, l'un des premiers *spin-off* de l'histoire est plutôt *Côte Ouest*. Devant le succès de *Dallas* – à l'origine, « mini-série » de cinq épisodes –, un *spin-off* est lancé dès le 27 décembre 1979 : *Côte Ouest*, centré sur Gary Ewing, parti se mettre au vert avec sa femme « le long du grand Pacifique », pour échapper à l'ambiance étouffante du ranch de Southfork. Oui, mais non : la petite histoire veut – là encore – que David Jacobs ait d'abord écrit *Côte Ouest*, un genre de feuilleton sur la vie de plusieurs couples, dont les Ewing. Apparemment, la chaîne CBS voulait quelque chose de plus enlevé, de plus relevé – de moins *soap* – et le même David Jacobs a écrit *Dallas*, qui est entré depuis dans le langage courant : « c'est Dallas ». Et quand il s'est agi de réaliser un *spin-off*, il a ressorti son idée originale de ses tiroirs : dans un sens, c'est donc *Dallas* qui est le *spin-off* de *Côte Ouest*, même s'il a été diffusé avant, les deux séries ayant poursuivi leurs vies parallèles jusqu'à l'âge vénérable de 14 ans pour l'une et l'autre.

Ce n'est donc pas toujours à la « mort » d'une série qu'un *spin-off* est lancé. C'est rarement le cas, d'ailleurs : *Dallas* et *Côte Ouest* ont été diffusées en même temps. Et quand le personnage d'*Angel* a quitté la série *Buffy contre les vampires* à la fin de la troisième saison, il était déjà prévu de lui donner un *spin-off* l'année suivante ; pour une histoire au ton plus sombre que la série originale ; les deux ayant, là encore, eu une vie parallèle entre 1999 et 2003. Pour *Grey's Anatomy*, c'est la même : le premier *spin-off* – parce qu'il y en aura un deuxième – *Private Practice*, est lancé après la troisième saison (en 2007). Tout comme Gary Ewing, en son temps, le personnage du Dr Addison Montgomery part se mettre au vert, ou plutôt au bord de la mer, en Californie. Cette fois, la petite histoire veut que des raisons tout à fait pratico-pratiques soit à l'origine de la création de la série : l'actrice Kate Walsh, qui habitait à Los Angeles en avait assez de faire les allers-retours à Seattle, alors, la créatrice Shonda Rimes lui aurait fait une série rien qu'à elle, tournée à la maison. C'est ce qu'on dit : étonnant, si l'on sait que les scènes d'intérieur de *Grey's Anatomy* sont justement tournées à Hollywood. En tout cas, si ce *spin-off* connaît une carrière honorable, il s'arrête en 2011 après six saisons, tandis que Meredith Grey tourne encore... Ne parlons même pas – mais quand même un peu – de l'échec cuisant de *Joey*, éphémère *spin-off* de *Friends*, dont le tournage a même été arrêté en plein milieu de la deuxième saison. Disons – avouons – que la plupart du temps, les *spin-off* ne sont pas très réussis, ni en termes d'audience, ni en termes de création.

Le seul *spin-off* qui ait vraiment marché, au point de dépasser sa « série-mère », c'est sûrement *Xena la guerrière, spin-off* de *Hercule* créé dès la fin de la première saison de sa série d'origine, en 1995. Rappelons que *spin-off* en anglais peut aussi signifier « secondaire », la femme guerrière incarnant donc le fameux *Deuxième sexe* de Simone de Beauvoir. Ainsi, Xena serait tirée de la série *Hercule* tout comme Eve aurait été tirée de la côte d'Adam. La femme serait un dérivé de l'homme, un « spin-off ». D'ailleurs, le nom même de Xena se réfère au fameux préfixe *xéno*, « l'étranger » qu'on retrouve dans la xénophobie : elle est donc l'étrangère ou « l'autre » de l'homme ainsi que le rappelle Simone de Beauvoir : « La femme est un homme manqué... L'humanité est mâle et l'homme définit la femme non en soi mais relativement à lui. » (*Le deuxième sexe I*). Lorsqu'elle apparaît dans la série *Hercule*, à l'épisode 9 de la saison 1, « la princesse guerrière », Xena est une adversaire, une ennemie du héros, bref, une méchante. Et dans le premier épisode de la série dérivée, Xena renonce au mal et choisit de se racheter en parcourant le monde pour défendre la veuve et l'orphelin – ou plutôt le veuf et l'orpheline. Elle rencontre Gabrielle, une jeune paysanne qui décide de la suivre pour chanter ses aventures. L'occasion de réviser, un peu à la louche et de manière très approximative, les mythes de l'antiquité : Prométhée, Sisyphe, etc. Mais au final, avec ses thèmes féministes, voire LGBTQ+, *Xena* qui annonce assez bien la série des films *Wonder Woman* très « XXIe siècle » – l'une et l'autre issue d'un peuple d'Amazones – apparaît bien plus moderne – et réussie – que *Hercule*, à tel point qu'un *reboot* de ce *spin-off*, avait été envisagé pour 2016, et finalement, abandonné.

BETTER CALL SAUL !

Better Call Saul, lancé en 2015, *spin-off* de *Breaking Bad* (2008-2013), est étonnant à plus d'un titre : d'abord il tourne toujours… Ensuite, il est à la fois centré sur un personnage secondaire de la série-mère : Saul Goodman, l'avocat véreux de Walter White, et en même temps, c'est le « préquel » de *Breaking Bad* ! Résultat des courses : la seule différence avec la série d'origine, c'est l'absence de Bryan Cranston. En revanche, on retrouve à peu près tous les autres personnages, à commencer par Gustavo Fring (Giancarlo Esposito), Mike et même, à l'occasion, Hank Shrader, le beau-frère « narc » de Walter White. C'est étonnant, parce que c'est un *spin-off*, alors qu'il a beaucoup plus de points communs avec sa série-mère que certaines saisons différentes d'une même série : par exemple, on nous annonce que dans la saison 2 d'*En thérapie*, le seul acteur/personnage « survivant » de la saison 1 sera le psy… C'est le monde à l'envers ! Du coup, *Better Call Saul* finit effectivement par ressembler beaucoup plus à un « préquel » de *Breaking Bad* qu'à un *spin-off*. Et c'est dommage…

Les trois premières saisons sont centrées sur les relations entre les deux frères : d'une part, Chuck McGill, brillant avocat à la tête d'un gros cabinet HHM qui croit souffrir d'intolérance aux ondes électro-magnétiques, et d'autre part, Jimmy McGill, futur « Saul Goodman », le raté de la famille qui vit dans l'ombre de son frère. Et si la question consiste à savoir comment Jimmy est devenu Saul, c'est la relation entre les deux frères, en particulier Chuck, incarné par l'excellent Michael McKean, d'une justesse implacable, qui fait tout l'intérêt de la série. Et tandis que cette relation disparaît, les saisons 4 et 5 apparaissent bien plus comme un « préquel », tentant de faire la jonction avec *Breaking Bad*. Ça marche beaucoup moins bien, et c'est aussi bancal que les épisodes 1 à 3 de *Star Wars*.

« Faut-il oublier son passé pour se donner un avenir ? » C'est une question du bac, et comme d'habitude, on pourrait répondre oui et non : dans ses *Considérations intempestives*, Nietzsche écrit que « l'abus de l'histoire et la surestime qui en est faite sont cause que la vie se rabou-grit et dégénère ». L'histoire, ou le passé… Quand une série est morte, il faut sans doute faire son deuil et savoir l'enterrer : si le *spin-off* est là – comme le catastrophique *El Camino : un film Breaking Bad* – pour entretenir la flamme ou la mémoire d'une série disparue en ne jouant que sur la nostalgie, c'est mal parti, et donc, mal fini. L'intérêt n'est sans doute pas de donner un second souffle à une série, mais plutôt, à ses créateurs : quand ils cherchent non pas à faire du neuf avec du vieux – on prend les mêmes et on recommence – mais plutôt, à trouver une nouvelle source d'inspiration, ça peut fonctionner. Dans le fond, le *spin-off* ne fonctionne que si la série-mère est un prétexte pour une nouvelle création – comme les trois premières saisons de *Better Call Saul*. Il faut savoir enterrer le passé. *Game of Thrones*, il aurait peut-être fallu apprendre à vivre sans, et les nouveaux personnages risquent de ressembler à une armée de morts-vivants.

Maintenant, il resterait à parler des *cross-over*, mais ça, c'est une autre histoire…

Gilles VERVISCH

LES DÉTECTIVES DU FUTUR

Interview d'Hélène Machinal

Hélène Machinal est professeure en Études anglophones à l'Université de Bretagne Occidentale et membre du laboratoire Héritages et Constructions dans le Texte et l'Image (HCTI). Elle est spécialiste de littérature fantastique, du roman policier et de la fiction spéculative du XIXᵉ au XXIᵉ siècle. Elle travaille par ailleurs sur les séries TV et les représentations du posthumain, plus particulièrement l'imaginaire de la science dans les fictions policières, fantastiques et de SF. Sur cet objet, elle vient de publier *Posthumains en séries, les détectives du futur* (Presses Universitaires François Rabelais, coll. « Sérial », Tours, 2020).

Nicolas CHARLES : Pourquoi avoir écrit cet ouvrage sur ces figures particulières de détectives dans certaines séries, que vous qualifiez de « posthumains » ?

Hélène MACHINAL : J'ai réalisé cet ouvrage car je travaille sur les figures du posthumain depuis quelques années. Je suis passée d'analyses sur la littérature de la fin du XIXᵉ siècle aux séries du XXIᵉ siècle, comme je l'explique dans l'introduction de l'ouvrage, par la résurgence de la forme sérielle, qui existait à la fin du XIXᵉ siècle avec les romans feuilleton, et que l'on voit réapparaître avec les séries télévisées dans la culture populaire contemporaine. L'articulation entre les deux s'est aussi faite autour de l'imaginaire scientifique puisqu'à la fin du XIXᵉ siècle, la révolution scientifique est celle de la théorie de l'évolution de Darwin, qui pose un certain nombre de questions et donc déclenche des représentations symboliques spécifiques dans la fiction, autour des origines de l'humain.

À ce titre, il me semble que l'on peut voir fleurir un nouvel imaginaire scientifique à la période contemporaine du fait d'une autre révolution scientifique qui s'est déroulée dans la seconde moitié du XXᵉ siècle : la révolution du numérique et des biotechnologies (aussi appelée troisième révolution industrielle), qui cette fois-ci interroge les devenirs de l'humain. J'ai ainsi pu opérer le constat de la résurgence d'un certain nombre de figures liées à ce questionnement sur le devenir de l'humain dans la fiction sérielle contemporaine, plus spécifiquement dans des séries qui hybrident science-fiction et récit policier.

N. C. : J'ai beaucoup aimé ce parallèle que vous faites dans l'introduction de l'ouvrage entre le phénomène sériel de la fin du XIXe siècle dans les journaux et celui actuel que l'on retrouve sur les écrans. Vous présentez dans votre ouvrage beaucoup de séries, quelles sont à vos yeux les principales dans le cadre de votre démonstration ?

H. M. : J'aborde effectivement un nombre important de séries dans cet ouvrage. Pour s'y retrouver plus facilement, j'ai proposé à la fin de chaque chapitre – ces derniers étant organisé de façon thématique –, un *focus* sur une série qui me semble particulièrement emblématique de l'aspect qui est traité dans le chapitre. Les séries présentées ainsi sont sans doute celles qui, pour moi, dans le cadre de ce que je veux expliquer dans l'ouvrage, sont les plus importantes et les plus pertinentes. Les focus proposent des arrêts sur image et les séries abordées sont *Fringe, Flashforward, Orphan Black, Mr Robot* et *Sense8*.

Fringe est la première série qui m'a incitée à travailler sur les thématiques abordées dans l'ouvrage, on y retrouve des personnages qui sont à la fois des détectives et qui opèrent dans des univers diégétiques futurs. C'est aussi une série qui hybride fantastique et science-fiction. *Fringe* date de 2008 et dispose de nombreuses facettes très intéressantes à traiter dans ce type d'ouvrage. Pour ce qui est de la question du réseau et de l'univers du numérique, *Mr Robot* est une série qui propose une réflexion qui va beaucoup plus loin que certaines autres séries sur lesquelles j'ai pu travailler. On y trouve en effet des aspects vraiment intéressants en termes de narration, des interrogations qui concernent la nature de la réalité, un questionnement sur sa perception : il y a une réflexion philosophique et politique qui est beaucoup plus aboutie dans cette série

N. C. : Ces focus sont donc à chaque fois des études de cas qui illustrent ce qui est présenté dans le chapitre juste avant. Mais vous ne vous contentez pas de ces cinq séries-là pour votre démonstration, ce qui rend cet ouvrage très riche avec de nombreux exemples tirés de séries où l'on retrouve ces figures du posthumain.

H. M. : Absolument. Je ne vais pas toutes les lister ici, mais j'aborde aussi des séries de *space opera* comme *Dark Matter* ou *The Expanse*, des séries qui opposent humain et créatures artificielles comme *Westworld* ou *Almost Human*, et des séries qui engagent des réflexions plus politiques comme *Person of Interest*, *Black Mirror* ou *The Handmaid's Tale*. Dans ma méthode de travail, je me suis concentrée sur les séries qui hybrident la détection et la science-fiction. Elles sont déjà très nombreuses à entrer dans cette catégorie, ce qui n'est pas si étonnant puisque de toute façon ce sont des séries qui, du fait de leurs personnages ou des univers fictifs qu'elles proposent, introduisent le spectateur ou la spectatrice à une exploration d'un monde en mutation et en devenir et qui renvoie à des interrogations sur l'humain et sur les devenirs de nos sociétés. La réflexivité qui caractérise les séries contemporaines (parfois un peu trop, dans *Westworld* par exemple) est ici centrale car la fiction interroge les récepteurs sur les orientations politiques et sociales de demain.

N. C. : Votre ouvrage permet de découvrir ou de redécouvrir certaines séries. J'aimerais que l'on aborde ici, sans forcément rentrer dans les détails, chacun des chapitres, en commençant par le premier que vous avez intitulé « Devenir de l'humain et détectives du futur » : qu'est ce que vous voulez démontrer dans ce chapitre ?

H. M. : Dans ce chapitre-là, je suis repartie d'un cas d'étude qui ne figure pas dans les focus, mais qui me paraissait quand même très pertinent par rapport à l'objet d'étude que je m'étais fixé, c'est à dire l'adaptation récente par Steven Moffat et Mark Gatiss sur la BBC du personnage de *Sherlock*[1] qui est aussi, au départ, un personnage de textes courts. Il faut aussi avouer que cela me permettait un retour à l'origine puisque mes premiers pas dans la recherche impliquaient aussi Sherlock Holmes. Le Sherlock de la BBC permet de poser la question de l'adaptation et du passage d'un contexte victorien à un contexte

---

1   Hélène Machinal a participé à une émission du podcast *Histoire en séries* consacrée à *Sherlock*, disponible ici : « https://youtu.be/yARcndlf2yE » (consultée le 05/07/2021). Pour plus d'informations sur cette série, vous pouvez consulter le site : « https://www. histoireenseries.com ».

ultra-contemporain. L'adaptation est donc contextuelle puisque l'on transfère le personnage de son univers victorien dans le texte source de Conan Doyle à un Londres contemporain, où il incarne un détective qui est constamment connecté et impliqué dans la culture de l'écran de notre époque, à la fois dans ses fonctions et dans la façon dont il procède avec ses méthodes pour trouver des coupables et résoudre des enquêtes. Je suis repartie de ce personnage-là, même s'il n'est pas à proprement parler – je le reconnais dans l'ouvrage –, un « détective du futur », puisqu'il n'opère pas dans un univers fictionnel futur, mais il est déjà emblématique de l'omniprésence de la culture de l'écran et de nos rapports aux dispositifs et autres interfaces. Je voulais partir de cet exemple spécifique pour montrer que, au-delà de *Sherlock*, le détective est un personnage dans les fictions sérielles contemporaines qui a pris une autre ampleur. Dans ce chapitre, je développe également l'exemple de la figure du hacker que l'on retrouve dans beaucoup de fictions sérielles contemporaines, et pas uniquement télévisuelles d'ailleurs, qui est une figure de la transgression intéressante à étudier en tant que telle.

N. C. : Le questionnement du deuxième chapitre de l'ouvrage, intitulé « La fin du monde et le post », évoque des thématiques que l'on retrouve dans de nombreuses séries : l'apocalypse, le monde d'après une catastrophe… On voit bien, à vous lire, que les scénaristes de séries sont très intéressés par ces phénomènes pour créer leurs fictions.

H. M. : Effectivement, c'est d'ailleurs l'autre grand pan de ce qui m'intéresse dans les représentations imaginaires contemporaines, ce que j'appelle les « fictions du post ». Dans la figure du posthumain, il y a déjà l'idée d'un devenir de l'humain autre que celui qui est notre réalité contemporaine. Généralement, ces questions sur le devenir de l'humain, ou sur les mutations et transformations du corps ou de l'esprit humain dans une société future sont souvent, mais pas systématiquement, associées à des mondes possibles ou fictifs qui sont des mondes post-cataclysmiques. De fait, en m'intéressant aux détectives du futur et à la science-fiction en général, à l'hybridation entre récit de détection et récit d'anticipation, j'ai été amenée à croiser des fictions télévisuelles dont les cadres sont post-cataclysmiques. Ce qui m'a aussi intéressée, ce sont les cas que l'on pourrait considérer comme étant « borderline » : je pense que l'on pourrait avoir un vrai débat sur la dimension réellement post-cataclysmique de la série *The Leftovers* ; pourtant, à mon avis, c'est une des meilleures séries « postap », justement parce qu'elle est « borderline » du point de vue de sa réflexion sur la question temporelle (le post et le présentisme). Dans ce chapitre, j'aborde aussi *The 100* qui montre que les représentations d'un post de l'humain s'accompagnent souvent d'une évolution ou d'une transformation, généralement pas pour le meilleur, de l'environnement et donc de la planète. C'est un questionnement écologique sous-jacent tout à fait d'actualité aujourd'hui.

N. C. : Lié à cela vous ouvrez le questionnement autour des biotechnologies c'est-à-dire l'idée, souvent reprise dans les séries, d'avoir des créatures hybrides qui pourraient être une évolution de l'humanité à l'avenir.

H. M. : Ce questionnement n'est pas fondamentalement nouveau au sens où ces corps modifiés, augmentés, transformés par les biotechnologies sont généralement des figures qui permettent de représenter dans les fictions des oppositions classiques entre identité et altérité. Je dis que ce n'est pas nouveau au sens où cela remonte au roman de Philip K. Dick *Les androïdes rêvent-ils de moutons électriques ?* et surtout le film *Blade Runner*, qui a été adapté du roman et qui mettait déjà en scène la complexité du face à face entre identité et altérité, humain et androïde ou organique et synthétique. On voit revenir ce type de fictions dans la période contemporaine, mais ce qui est remarquable – et que j'aborde dans l'un des autres chapitres du livre –, c'est ce que je propose d'appeler des « images matrices ». Les images en question sont repérables en fiction contemporaine, mais elles remontent au texte d'Aldous Huxley de 1932 *Le meilleur des mondes*, et pour le versant surveillance numérique au texte d'Orwell *1984*. En fait, ces questionnements anciens dans la littérature (on peut remonter au mythe de Pygmalion) ont été réactivés dans les séries contemporaines récentes quand les *showrunners* en profitent pour y introduire une dimension politique, c'est-à-dire une réflexion qui s'ancre aussi dans des problématiques contemporaines d'opposition entre identité et altérité qui ont pu être abordées via ce que l'on appelle les études culturelles, *gender studies* et autres approches qui prennent en considération les questions sexuelles, les questions de race, les questions de classe.

N. C. : Votre ouvrage permet effectivement au lecteur de s'interroger sur notre monde et sur son futur. On retrouve cela dans le quatrième chapitre, intitulé « Subjectivité numérique et espaces virtuels » qui pose un certain nombre de questions décisives sur notre relation au numérique dans la société actuelle, telle que les séries peuvent le montrer.

H. M. : Oui, c'est un aspect auquel je tenais parce que, comme je l'évoque dans ce chapitre, on ne peut quasiment plus, à l'heure actuelle, entendre ou voir une publicité liée à des appareils numériques quels qu'ils soient sans qu'il soit fait référence à l'intelligence artificielle de façon quasi systématique et souvent d'ailleurs extrêmement erronée. C'est rare d'entendre des interlocuteurs qui précisent que l'intelligence artificielle n'existe pas en soi (la singularité n'est pas pour demain), ce sont simplement des algorithmes. Il y a toute une mythologie qui est en train de se monter autour de ces questions-là et qui réapparaît également dans les séries. Dans le livre, je me demande également si cette façon d'aborder l'IA ne serait pas symptomatique de l'émergence d'un nouveau chaînon manquant, comparable à celui que Gillian Beer décrit dans son ouvrage sur la théorie de l'évolution et l'imaginaire collectif victorien, *Darwin's Plots. Evolutionary Narrative in Darwin, George Eliot and Nineteenth-Century Fiction*.

Ajoutons qu'il s'agit d'une problématique particulière en termes de représentation parce que, par principe, une intelligence artificielle tend vers une dématérialisation totale, c'est à dire une absence de corps ou d'incarnation physique ou matérielle. En culture de l'écran ou en représentation visuelle, cela pose des défis ou des enjeux qui sont particulièrement cruciaux parce que la vraie question, c'est justement de savoir comment représenter une intelligence artificielle ou des algorithmes qui sont complètement désincarnés. Donc, en termes de culture de l'image et de l'écran, il y a là des enjeux sémiotiques et figuraux spécifiques que l'on peut repérer dans les séries contemporaines.

N. C. : Cela soulève effectivement des questions de fond quand on s'intéresse à la sérialité et surtout à la représentation visuelle de ce qu'on imagine aujourd'hui être le futur. Le cinquième chapitre d'ailleurs donne à voir comment sont représentées ces figures d'enquêteurs du futur avec ces figures qui sont assimilées à des posthumains. Il y a là un vrai travail sur la forme qui permet au lecteur de regarder, par la suite, certaines séries autrement.

H. M. : C'est effectivement l'objectif ici que de montrer qu'il y a dans ces séries une recherche esthétique qui est vraiment digne d'intérêt. Ce dernier chapitre propose donc, d'une certaine façon, de faire la synthèse de ce qui a été évoqué précédemment, de ramasser ensemble les différents fils que j'ai pu développer dans chacun des chapitres précédents. L'objectif était aussi de s'émanciper d'une hiérarchisation qui dure depuis des décennies, voire des siècles, entre ce que l'on appelle des chefs d'œuvres, de la grande littérature ou de la grande fiction et des modes que l'on considère comme mineurs comme la science-fiction, le policier, la para-littérature, tout ce qui relève de la culture populaire en général. Lutter contre cette distinction qui hiérarchise la fiction est vraiment un des buts de cet ouvrage. Or, dans cette période contemporaine où la consommation de séries est particulièrement importante chez les récepteurs, et où le rôle de la sphère de la réception n'est plus du tout le même puisque l'on est désormais dans une culture participative où il y a énormément d'interactions entre les sphères de production et de réception, il m'a semblé important de montrer dans ce dernier chapitre que toutes ces séries sont aussi à envisager dans une dynamique de recherche esthétique qui permet une dimension plus symbolique et donc une réflexion plus universelle.

Nicolas CHARLES

LES FINS DE DAMON LINDELOF

Interview de Pacôme Thiellement

Finir une série est une épreuve pour tout le monde : le public et le créateur qui, lui aussi, abandonne ses personnages. Notre rapport viscéral aux histoires nous rend parfois incapables de les quitter, comme l'a compris très violemment Damon Lindelof après la fin de *Lost*, en mai 2010. L'essayiste Pacôme Thiellement est tombé en amour de son écriture sensible et profondément virtuose il y a des années, et a consacré deux ouvrages à son œuvre : *Les mêmes yeux que* Lost *et* The Leftovers*, le troisième côté du miroir*, en co-écriture avec Sarah Hatchuel. Il analyse la façon dont Damon Lindelof apprend à boucler ses récits et nous, à l'accepter.

Charlotte BLUM : De quelle manière pensez-vous que le tollé qui a suivi la fin de *Lost* a infusé dans l'écriture *The Leftovers* et *Watchmen*[1] ?

Pacôme THIELLEMENT : Le premier épisode de *The Leftovers* est déjà une méditation sur les conséquences de la fin de *Lost* qui a divisé le public d'une façon incroyable avec un argumentaire qui était tout à fait stupéfiant. Les spectateurs déclaraient que cette fin leur déplaisait tellement qu'elle remettait en cause le temps passé devant la série. Plutôt que de juste dire, « *J'ai aimé la série, mais je n'aime pas tellement le dernier épisode* » ou « *Je n'aime pas la dernière saison* », ils sont passés à « *Tu as volé six années de ma vie* » !

C. B. : On imagine la violence ressentie par Lindelof.

P. T. : Dans une interview, il raconte qu'un jour il était sur la route et écoutait l'émission de radio de Howard Stern dans sa voiture. Soudain, il entend l'animateur déclarer : « *J'ai été tellement déçu par la fin de* Lost *que si Damon Lindelof m'écoutait, je lui dirais, "Dis donc, connard, quand est-ce que*

---

1   Séries disponibles sur OCS à la demande.

tu me rends les six années de ma vie que j'ai passé à voir ta série. Je veux que tu me les rendes !" ». Le *showrunner* raconte qu'il a dû arrêter la voiture pour souffler, il ne pouvait plus respirer. On dirait presque de la science-fiction ou un récit fantastique où la radio commence à vous parler directement. Après ça, il a quitté les réseaux sociaux et, pendant un temps, il a essayé de travailler à Hollywood pour retaper les scénarios des autres. Il vivait caché. Et puis finalement, il est revenu avec *The Leftovers* en 2014.

C. B. : Comment *The Leftovers* fait-elle écho au choc post-*Lost* ?

P. T. : Dès le début de la série, on a une suite de signatures de son style et de son univers, on voit qu'il est de nouveau avec nous. Le principal signe de ce retour étant, pour moi, une des premières scènes dans laquelle Kevin Garvey sort de sa douche. Il a laissé la télé allumée et y on voit une commission qui a été payée une fortune pour donner une explication au mystère de la disparition de 2 % de la population mondiale. Quelqu'un déclare, très en colère : « *Ce document présente les conclusions de votre commission sur la disparition de 140 millions d'âmes. Vos conclusions concernant leur devenir, leur sélection et leur sort sont les suivantes… Je vais paraphraser : "Je l'ignore."* ». Là, on voit que Lindelof est hanté par *Lost* et par le public qui demande des réponses, ce qui est très paradoxal puisqu'il les a données. Seule une infime poignée de mystères est restée irrésolue. Quand *Lost* s'est mise en place, les *showrunners* ont supposé, à juste titre, que les spectateurs n'avaient pas besoin d'être pris par la main et ça leur a été reproché.

Le deuxième élément, c'est que la fin de la série était totalement mystique et spirituelle. Elle fonctionnait par rapport à une croyance dans l'au-delà et dans la multiplicité des vies, que tout le monde ne partage pas. Ce n'est pas la seule série qui a ce principe inscrit au sein de son univers, simplement là, c'était vraiment mis en scène et ça mettait la question des mystères à l'arrière-plan, ce qui a provoqué toutes ces plaintes très virulentes. La fin de *Lost* est donc apparue comme une énorme blessure pour Damon Lindelof et son mécanisme de défense par rapport à ça – et c'est très paradoxal mais tout est paradoxal avec cet artiste – c'est qu'il a construit *The Leftovers* sur l'idée qu'on n'aurait jamais de réponse.

C. B. : Néanmoins, la série se termine sur ce dialogue extraordinaire entre Nora Durst et Kevin Garvey où elle lui dit ce qu'il veut entendre. Elle lui apporte une réponse qui est extrêmement insatisfaisante pour nous et probablement fausse en lui racontant qu'elle est allée là où sont les 2 %, qu'elle a revu sa famille, et qu'elle est revenue.

P. T. : C'est très intéressant parce qu'au final, la fin de *The Leftovers* est plus problématique, et de très loin, que celle de *Lost*. En prétendant donner quelque chose qu'elle avait dit qu'elle donnerait pas, en apportant une forme de résolution, la série donne au spectateur une information à laquelle il ne sait pas s'il doit croire ou non. Moi, j'étais très insatisfait. J'ai essayé de comprendre pourquoi et il y a un truc qui est évident, c'est que s'il existait vraiment une machine permettant de rejoindre les 2 % et de revenir, ils seraient tous revenus. Et dans la saison 3, la scène dans laquelle Nora Durst est dans le bain sous-entend qu'elle n'y est pas allée : dans le dernier plan, elle se relève violemment et on s'arrête là. On coupe, et on ne nous explique jamais ce qui s'est passé au-delà de ce moment. De plus, on sent depuis le début que les deux scientifiques qui organisent les voyages vers les 2 % sont des arnaqueuses. Il n'y a aucun élément qui nous permette de les croire, à part le fait que Nora est tellement obsédée par l'idée de revoir ses enfants qu'elle ignore tous les signaux qui indiquent que tout ça est un *scam*. On est dans récit qui nous montre une chose et nous en raconte une autre, ce qui crée, tout au long de *The Leftovers*, une incroyable zone d'inconfort dans laquelle on doit se débrouiller avec ce qu'on voit sans savoir si c'est la vérité. L'histoire est toujours très ambiguë.

Fig. 1 – La crédulité assumée de Nora Durst (*The Leftovers*).

C. B. : Au-delà du récit pur et des personnages, cette troisième et dernière saison de *The Leftovers* perturbe aussi par sa structure.

P. T. : Elle propose véritablement, comme celle de *Lost,* une suite de fermetures de récits. Il y a par exemple l'incroyable épisode consacré à Laurie Garvey dans lequel on veut nous faire croire à son suicide, alors que dans le tout dernier épisode, elle est visiblement toujours vivante. Elle est toujours là, elle a les cheveux gris et elle est la psy de Nora depuis vingt ans. Cette narration extrêmement trompeuse est très compliquée à gérer pour le spectateur. Dans *The Leftovers*, chaque fin de saison nous laisse croire à une histoire à venir et nous en raconte une autre. La première saison, par exemple, se termine sur une lettre d'adieu que Nora vient déposer devant chez Kevin. Là, elle trouve un bébé et repart avec. De son côté, Kevin a récupéré sa fille Jill sur les conseils de sa femme qui, elle, est en train de récupérer leur fils Tommy. Tout au long de l'épisode, Kevin n'a qu'une obsession, celle de retrouver sa famille au complet. La saison se clôt alors sur un faux *happy end* où tout a l'air réglé sur un mode très conformiste. Nora part et Kevin retrouve les siens. Mais quand la seconde saison commence, on ne comprend plus ce qu'on regarde.

C. B. : En effet, on quitte Mapleton pour arriver à Jarden et on perd tous nos repères...

P. T. : La saison commence par nous raconter la préhistoire de Jarden, puis on rencontre les Murphy, une nouvelle famille avec qui on passe quarante minutes avant de retrouver Matt Jamison puis Kevin et Nora qui apparaissent plus ou moins comme des personnages secondaires. Tout ça est assez étrange puisqu'on met en place une nouvelle fiction et un nouvel endroit dans lesquels l'histoire qu'on nous racontait en fin de saison 1 est brisée. Kevin n'a finalement pas reformé sa famille et Nora n'est pas partie. Ils vivent ensemble, avec Jill et le bébé. Pour nous, spectateur, il y a tout à réévaluer, et ça recommence avec la fin de la saison 2. Damon Lindelof continue à nous tester pour voir à quel point nous sommes dupables par une fin !

C. B. : D'une certaine manière, le *showrunner* nous dit que quoi qu'il nous donne, qu'elle que soit la fin de sa série, on ne sera jamais content. Que c'est une bataille perdue d'avance.

P.T . : Tout à fait. Toute fin sera une déception et toute fin sera problématique. D'ailleurs, malgré le caractère de très grande résolution que représente le dernier épisode de *Watchmen*, il a été très critiqué. Il était trop tassé, trop *action packed* et a beaucoup déçu les fans de l'œuvre, moi y compris. J'avais tellement adoré tout ce que j'avais vu avant et là, je me suis retrouvé face à quelque chose qui allait très vite et passait à côté de détails qui font la grande complexité de la série. La principale étant cette manière très énigmatique de gérer la mort du Docteur Manhattan puisque quand Angela Abar ramène son grand-père chez elle, il lui dit : « *Manhattan était quelqu'un de bien. Je déplore sa mort. Mais étant donné ce qu'il pouvait faire, il aurait pu faire plus* ». Ce dernier échange est très perturbant.

Fɪɢ. 2 – La détermination d'Angela Abar dans *Watchmen* © 2021 Home Box Office, Inc. All rights reserved. HBO® and related channels and service marks are the property of Home Box Office, Inc.

C. B. : Ici, Damon Lindelof semble parler, en filigrane, du rôle de narrateur.

P. T. : Exactement. Cette phrase vaut à plein de niveaux. Elle vaut au niveau du Docteur Manhattan mais aussi au niveau de Lindelof en tant qu'auteur qui nous avoue ne pas être si content de ce qu'il a écrit. Il nous dit qu'il aurait pu aller plus loin, qu'il aurait dû faire mieux. C'est une fin qui doit laisser au spectateur l'idée qu'il y a encore du chemin à parcourir et qu'on est encore qu'au début. C'est très émouvant, quand on aime Lindelof, de voir à quel point il est sans cesse en train de nous dire, « *C'est pas mal ce qu'on a fait là, mais ça pourrait être mieux.* »

C. B. : Vous qui êtes expert de son écriture et de sa capacité à développer un récit, ça vous étonne qu'il ait accepté de faire une série en une seule saison avec *Watchmen* ?

P. T. : À mon avis, il a accepté parce que *Watchmen* n'est pas sa grande œuvre. C'est une étape. Il faut espérer qu'il ne meure pas demain, mais s'il ne meurt pas demain, je suis absolument certain que ce qui compte, c'est ce qu'il va faire par la suite et qu'il le savait en faisant *Watchmen*. Là, il est dans l'univers de quelqu'un d'autre et je ne pense pas que ce soit ce qu'il préfère. Il l'a beaucoup détourné et en même temps beaucoup respecté. J'ai le sentiment qu'il a fait cette série par défaut, un peu comme David Lynch a fait *Twin Peaks : The Return.* Je ne pense pas que Lynch en avait tellement envie mais c'était la seule manière pour lui de faire à nouveau une fiction car, depuis *Inland Empire*, personne ne voulait de lui. Il a fini par voir que les appels du pied de Mark Frost et Kyle MacLachlan fonctionnaient puisqu'une chaîne était prête à lui donner beaucoup d'argent pour ressusciter la série. Dans *Twin Peaks : The Return*, il respecte l'univers de sa série, mais il le détourne pour raconter ce qu'il a envie de raconter à ce moment précis et qui aurait très bien pu se faire sans *Twin Peaks.*

Il se passe la même chose avec *Watchmen* qui était la seule condition pour que Lindelof puisse faire une grande fiction avec tout ce qu'il avait envie d'explorer : la politique américaine actuelle, l'émergence des possibilités d'une guerre civile, la révolution conservatrice des petits blancs mais aussi un autre pouvoir beaucoup plus sous-jacent qui a été rarement traité dans les fictions, le transhumanisme. Il aborde le sujet comme l'a fait Joss Whedon dans *Dollhouse*, avec la possibilité que le pouvoir scientifique et les avancées de la science sur la biologie soient l'occasion d'une prise de pouvoir dictatoriale par une personne animée ou non de bonnes attentions, mais qui n'hésitera pas à mettre l'humanité à sa merci.

C.B. : Cet aspect militant de *Watchmen* justifierait une forme d'urgence à la produire et surtout à la finir pendant la présidence de Donald Trump. Comme si, pour qu'elle soit impactante, Lindelof était prêt à aller contre ses méthodes d'écriture et son habitude d'étirer le récit ?

P. T. : Il y a un truc qui est de l'ordre de Cassandre. C'est vraiment une série qui est ouvertement et visuellement prophétique. Après avoir vu *Watchmen* à l'écran, on l'a vue dans la réalité, tout le temps, à plein d'endroits. Elle contient une typologie de tous les dangers qu'on allait devoir affronter et, face à ça, Lindelof a un vrai problème. Je pense qu'il ne croit pas que la posture ou la résolution d'Alan Moore soit la bonne. Il ne croit plus à la résolution par le détachement et le caractère contemplatif, chose à laquelle on peut dire qu'il donnait raison dans *Lost* puisque ce qui comptait, c'était de sauver l'île. Il nous laisse alors avec une question : est-ce que la solution ne serait pas de mélanger le Docteur Manhattan et Angela Abar ? Il n'y répond pas. Cette proposition est suspendue, littéralement, au moment où Angela va marcher sur l'eau, et la série se termine. *Watchmen* est un défi. Avec elle, il a voulu montrer qu'il était capable de beaucoup. Elle est quasiment sans défaut, du casting à la musique de Trent Reznor. Je dirais qu'elle fonctionne quasiment comme une carte de visite, comme s'il passait un test.

C. B. : Comment vous entrez dans une nouvelle série de Damon Lindelof ? Est-ce que vous pensez dès le début au fait qu'à un moment, tous ces nouveaux personnages vont vous quitter ?

P. T. : C'est quelque chose que je ressens dans presque tous les récits, mais c'est vrai que chez Lindelof, c'est plus poussé parce que c'est un élément indubitable de sa poétique. La question que crée un personnage c'est quelque chose de grave et le quitter, c'est quelque chose d'insupportable. Ça faisait partie des éléments-clé de *Lost*, déjà, cette incroyable difficulté de devoir quitter des personnages.

C. B. : On en revient à la question du deuil, et donc de la fin, qui hante ses histoires.

P.T. : Ça le ramène à la mort accélérée de son père. Il n'a pas eu le temps de lui parler avant son décès alors qu'il avait plein de questions à lui poser et de choses à lui dire. C'est arrivé au moment où il commençait à travailler comme scénariste et c'est quasiment devenu le moteur narratif de *Lost* et de la relation entre Jack et son père. Et c'est un sujet, on le peut dire, qui traverse l'ensemble de son œuvre : comment on gère la mort. On voit bien que pour lui, c'est quelque chose de compliqué puisqu'il la gère de façon extrêmement dramatique. On pourrait dire qu'il avait trouvé une forme de résolution à l'intérieur de *Lost*, tandis que *The Leftovers* traite du deuil impossible et que *Watchmen* raconte l'impossibilité de cicatriser les blessures de l'Histoire. On est face à une blessure ouverte qui ne peut jamais se refermer. On peut se dire que c'est là qu'il en est aujourd'hui et que c'est à partir de ça qu'il doit continuer à travailler.

Charlotte BLUM

SÉRIES-THÉRAPIE

Le regard d'une psy sur les névroses
et les psychoses des personnages de séries

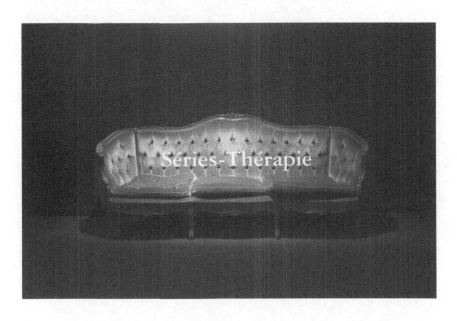

ÉPISODE 2 : QUAND LE CONTRÔLE PREND LE DESSUS

Compétitifs, compétitives, follement perfectionnistes,
presque irréprochables, Bree (*Desperate Housewives*), Renaud
(*Fais pas ci, fais pas ça*), Monica (*Friends*), Monk (*Monk*),
Martin Byrde (*Ozark*) et Jackson Marchetti (*Sex Education*) :
six super-parfaits exemples d'une même névrose,
la névrose obsessionnelle.
Entretien

« CROIX DE BOIS, CROIX DE FER, SI J'MENS, J'VAIS EN ENFER. »

Personnalités perverses, narcissiques, hystériques, obsessionnelles,
phobiques, maniaques, borderlines ou autistiques, les personnages de séries
sont presque tous atteints de troubles psychiques. Que l'on s'y attache,
que l'on s'y reconnaisse, ou que l'on adore les détester, les pathologies
psychologiques de nos héros sont loin de nous laisser indifférents et
indifférentes. Certainement parce qu'elles nous renvoient à nos propres
travers et à nos propres comportements.

Série-Thérapie est également l'occasion d'analyser le travail des scénaristes. Que se passe-t-il quand un personnage se met à dévisser ? Qu'il
n'agit plus comme le voudrait son profil psychologique jusqu'alors mis
en place ? Quels auraient pu être les autres chemins scénaristiques ?

Alliances, conflits, traumas, doutes, peurs, pulsions, désirs et
refoulements, les personnages de séries passent sur le divan d'Emma
Scali, psychothérapeute, scénariste et actrice. Elle diagnostique les
troubles mentaux de nos héros et analyse la richesse dramatique de
leurs symptômes.

> La névrose obsessionnelle fonctionne
> comme une religion privée, le névrosé
> étant le prêtre de ses propres rituels.
> Sigmund FREUD

Emmanuelle JAY : Emma, nous poursuivons cette série d'entretiens autour de la psychopathologie des personnages, en nous intéressant à la névrose obsessionnelle. Sais-tu quand fut utilisé pour la première fois le terme d'obsession dans la psychiatrie en France ?

Emma SCALI : La névrose obsessionnelle a été découverte par Freud lorsqu'il s'est intéressé à la mise en place des différentes structures psychiques. Pour lui, il y avait d'un côté une structure névrotique et d'un autre une structure psychotique. Et parmi les névroses, il a remarqué qu'il y avait trois types de névroses : la névrose hystérique, la névrose obsessionnelle et la névrose phobique. Il a considéré que la névrose hystérique était plutôt d'ordre féminin parce qu'elle était en lien avec un émotionnel exacerbé (en lien aussi avec les cycles de la femme et donc l'utérus qui a donné son nom à cette névrose). Quant à la névrose obsessionnelle, historiquement, elle a d'abord été considérée comme plutôt masculine, même s'il y a toujours eu des femmes obsessionnelles et des hommes hystériques.

E. J. : D'où vient la névrose obsessionnelle ? Comment se développe-t-elle ?

E. S. : La névrose obsessionnelle est liée au stade sadique-anal, au moment où vers 2 ou 3 ans l'enfant est dans l'apprentissage de la propreté. Il commence alors à prendre en considération qu'il est un individu séparé de sa maman et acquiert une capacité à se différencier.

C'est la phase où l'enfant dit « non », où il s'énerve et fait des caprices. Sur le plan du développement psychique, c'est plutôt bien. Il fait « chier » ses parents, il « emmerde ». En fait, l'enfant comprend que la propreté est un enjeu de pouvoir. Il peut choisir – ou pas – de gérer ses sphincters. Lorsqu'il intègre ce contrôle, il intègre également les injonctions parentales et la notion de Loi (la Loi du père symbolique). Ce qui est autorisé et ce qui est interdit.

Dans une famille où l'organisation est plutôt tournée autour d'une problématique hystérique, l'enfant va peut-être s'orienter vers la névrose obsessionnelle pour trouver davantage de sécurité. Il va mettre en place un contrôle général de son comportement. Mais une autre possibilité s'ouvre aussi si la famille est très organisée (avec une organisation militaire par exemple), l'enfant peut vouloir coller à l'environnement familial et développer une forme d'auto-contrôle, engendrant plus tard une névrose obsessionnelle.

Devenus adultes, ces personnes auront un grand respect pour la loi : « je n'ai pas le droit de ne pas bien faire les choses » et pourront connaître la peur du gendarme, des institutions, de Dieu également, etc.

Les obsessionnels développent des personnalités contrôlantes qui cherchent à contenir leurs émotions, à gérer leurs comportements et à maîtriser leur vie (et parfois celle des autres). Cela cache souvent une grande insécurité intérieure ; insécurité que les obsessionnels tentent de contrôler en sécurisant au maximum leur rapport au monde et à l'extérieur.

ÊTRE LES MEILLEURES

E. J. : Si l'on prend le personnage de Monica Geller dans *Friends*, ou de Bree Van de Kamp dans *Desperate Housewives*, quels traits caractéristiques de la névrose obsessionnelle peut-on trouver ?

E. S. : Monica est un personnage qui apparaît comme maniaque : elle est obsédée par le rangement et par la propreté. C'est d'ailleurs pareil pour Bree. Chez ces deux personnages, dans leurs intérieurs (appartement pour la première, maison pour la seconde), tout est absolument nickel. Chez Bree, c'est même peut-être plus que ça : c'est tiré à quatre épingles.

Chez ces deux femmes, nous avons affaire à des comportements de perfectionnistes. Ce sont deux personnes qui veulent être les meilleures, les plus parfaites. Chez Monica, ce versant de sa personnalité devient très drôle quand elle veut être la meilleure même dans des domaines improbables. Dans un épisode, alors qu'elle est en couple avec Chandler, elle veut battre le record « du nombre de fois où un couple fait l'amour ». Non pas parce qu'elle y prend du plaisir (même si c'est certainement le cas) mais parce qu'elle veut performer et être la meilleure partenaire de sexe qui soit. Chez l'obsessionnel(le), la compétitivité peut être un ressort très important de sa vie.

E. J. : Cette notion de compétitivité n'est pas sans rappeler le comportement de Bree lors du « concours de tarte au citron meringuée » auquel elle s'adonne, malgré elle, avec l'une de ses voisines. Alors qu'elle est censée partager un dessert avec ses amies, Bree se rend compte que la tarte absolument délicieuse que ses amies dégustent n'est pas la sienne. Sa « rivale » a remplacé sa tarte par une autre qu'elle a faite. Quand tout le monde, son nouveau compagnon y compris, trouve ce gâteau absolument succulent, c'est la catastrophe. Bree s'écrie : « Sa tarte est meilleure que la mienne, tout le monde l'a reconnu. Même moi ! (…) elle m'aura tout bonnement volé mon identité. » Est-ce un comportement habituel ?

E. S. : Il arrive en effet que les obsessionnels s'identifient au fait d'être parfait, d'être le meilleur. C'est pourquoi Bree s'acharne à faire, faire et refaire sa tarte au citron pour trouver LA recette de la tarte parfaite. Pour cela, elle est prête à tout. Même à s'introduire chez sa voisine et à lui voler son ingrédient secret. Pourquoi ? Parce qu'il y va de son identité, comme elle le dit. C'est ce que C. G. Jung pourrait appeler la Persona. Il la définit ainsi : « la persona est ce que quelqu'un n'est pas en réalité, mais ce que lui-même et les autres personnes pensent ce qu'il est ». Le mot persona vient du latin : il désignait alors le masque que les acteurs portaient au théâtre et qui laissaient passer leur voix. La persona pour Jung n'a rien de réel, elle n'est qu'une interface entre l'individu et la société. Le moi conscient de la personne s'identifie à ses diplômes, à son rôle social, au titre honorifique qu'elle possède, à la profession qu'elle exerce. Pour Bree, il s'agit de son identité de parfaite petite femme d'intérieur. C'est ce qu'elle est dans le monde extérieur et qu'elle croit être tout bonnement. Ce masque fait penser aux autres et à elle-même que son être s'identifie à ce qu'elle accomplit avec brio ; mais il s'agit là d'un artifice, d'un compromis… La souffrance mentale (la névrose dans un langage plus freudien) commence lorsque la personne s'identifie à sa persona. Et c'est bien ce qui se passe ici pour Bree. Conservant ce masque en permanence dans le monde extérieur, elle devient qui elle croit être, à savoir de préférence un masque socialement valorisant. Elle est donc prête à tout pour le conserver, quitte à en souffrir terriblement ; comme en témoigne son penchant pour l'alcool. Car à trop vouloir coller à l'image qu'elle veut donner à voir, Bree se met sous pression ; une pression qu'elle ne peut tenir en permanence. Car elle n'est pas parfaite, comme elle le souhaiterait. Et pour cause : elle est humaine.

Ceci dit, la névrose obsessionnelle peut aussi avoir de bons côtés : manger sain, avoir une maison très propre, être organisé. L'obsessionnalité, comme tout mécanisme de défense comporte en soi plein d'aspects positifs, liés à la maîtrise et au dépassement de soi.

E. J. : Mais alors, peut-on être perfectionniste sans être obsessionnel ? Où est la limite ?

E. S. : Tous les perfectionnistes ne sont pas des obsessionnels, ils peuvent être autistes aussi par exemple. On peut également avoir des personnalités hystériques avec un versant perfectionniste. Disons que pour être perfectionniste, on doit faire appel à sa part obsessionnelle. Car nous avons tous plusieurs parts en nous : un brin d'hystérie, une touche d'obsessionnalité, une tendance phobique ou quelques nuances de paranoïa… C'est cela qui nous rend humain et spécifique ! Disons que le discours se veut plus catégorique quand l'un des versants prend une place majeure et ouvre une faille sur un développement pathologique possible.

SE RASSURER

E. J. : Pourquoi parle-t-on de troubles obsessionnels-compulsifs ? Les obsessions et les compulsions sont-elles deux choses différentes ?

E. S. : Une personne qui a des TOCs est en premier lieu une personne qui souffre d'une grande insécurité intérieure. C'est par ses compulsions – des actions mises en place de manière superstitieuse – qu'elle va chercher à se sécuriser. La compulsion passe par de nombreux petits rituels.

Il n'y a pas forcément de logique dans l'action, c'est un peu absurde. D'ailleurs, certains petits TOCs ne sont pas graves.

Chez Bree, la compulsion se trouve dans son alcoolisme. C'est tellement dur pour elle de tenir sa personnalité perfectionniste tout le temps, qu'à un moment elle lâche et elle se met à boire. Mais Bree va vivre son alcoolisme avec une très grande culpabilité. Comme souvent chez les personnes obsessionnelles, on va voir se développer chez elle un rapport à l'autorité qui passe par la religion. Comme si Bree se sentait sous l'œil de Dieu. D'où le fait qu'elle se doive d'être parfaitement juste dans toutes ses actions. C'est à la fois lié pour elle à une peur et à une culpabilité. Mal faire, c'est être mauvaise. Et être mauvaise, c'est être condamnable, voire « damnée » ; ce qu'elle cherche évidemment à éviter à tout prix.

E. J. : Parmi les personnages qui ont des tocs, le plus connu est certainement Adrian Monk. Comment analyser ce personnage ?

E. S. : Chez les obsessionnels, il y a une grande peur de faire des erreurs. La culpabilité est très prégnante : ils s'en veulent. Alors pour ne pas faire d'erreur, ce personnage met en place tout un système contraphobique de compulsions, censées l'aider à gérer la situation. L'obsession est une pensée obsédante, la compulsion en est la réponse active : « je vais faire ça, donc ce que je redoute le plus ne va pas m'arriver ».

Le premier épisode de *Monk* s'ouvre sur une scène de crime. Dès cette première séquence, Monk est obsédé par des attitudes très contrôlantes : il touche de manière compulsive une lampe à plusieurs reprises, il demande à son assistante de façon répétitive si le gaz a bien été éteint chez lui, etc. En réalité, il cherche à se rassurer. Il utilise ses comportements compulsifs comme des doudous. C'est comme pour l'enfant, qui, vers deux ans, a besoin, pour pouvoir se séparer de sa mère, d'un objet transitionnel : le doudou. Cet objet lui permet de faire face à la séparation. Pour Monk, les compulsions contiennent ses angoisses. La névrose s'installe car la séparation a été et est encore mal vécue. Cette théorie a été développée par Donald Winnicott et par Mélanie Klein. On pourrait imaginer ici, que, comme Monk n'a pas eu de doudou par exemple, il a pu développer des tocs. Ce qui semble d'autant plus juste que le premier épisode met en scène la présence de Dieu et de la mort. Déjà parce qu'il s'agit d'une scène de crime et que le cadavre de la victime est toujours présent ; mais également parce que cette femme était calviniste : une croix et une image en témoignent. Or ces éléments parlent également de Monk. Les scénaristes ont fait un travail magnifique, d'une très grande subtilité. Ils ont plongé leur protagoniste dans un décor qui le définit lui-même.

N'oublions pas qu'il s'appelle Monk, ce qui signifie moine en Anglais. Cela fait sens. Il s'agit d'un homme replié dans la foi (ici son sacerdoce est son métier d'enquêteur) parce qu'il a peur de la séparation (or sa femme a été tuée dans un attentat, affaire qui n'a jamais été élucidée et qui l'a bloqué, lui, dans son trauma). Pour pouvoir continuer à vivre et à être opérationnel, il a besoin de la présence d'un objet contraphobique, qui fait office de doudou ou de « maman par procuration ». C'est le rôle que joue son assistante. Elle est une figure de ré-assurance. Elle s'active d'ailleurs un peu comme une infirmière auprès de lui, l'accompagne en permanence, le cadre et le contient.

Ceci étant, le personnage de Monk présente également des traits autistiques. Il semble dans son monde. Ici encore la frontière est ténue. Difficile de poser un diagnostic ; ce qu'en tant que psychanalyste et psychopraticienne, je ne me permettrai pas de faire car je n'en ai pas les compétences, puisque cela relève du domaine des psychiatres. Toutefois la personnalité du détective m'interpelle. Disons que son versant obsessionnel ne contredirait pas forcément le profil autistique du personnage.

Quoiqu'il en soit, je crois que de la névrose à la psychose, il peut y avoir une certaine forme de porosité chez les personnages comme chez les personnes réelles. Bien sûr les maladies psychiques existent. Mais, comme les maladies physiques, elles ne se manifestent pas toujours. Elles présentent parfois des symptômes, de manière chronique ou aiguë. Il y a des tendances. Mais rien n'est aussi catégorique ou étiquetable qu'en mathématique. La psyché est un champ vaste. Et son étude est une science humaine. Comme la médecine est un art. Fondé sur la science, bien sûr. Mais un art. Alors dans l'étude de l'esprit humain, les interprétations sont forcément questionnables, à réfléchir, à remettre en doute, etc.

Dans les cas les plus extrêmes des personnalités obsessionnelles, le besoin de se rassurer par des rituels peut conduire au syndrome de Diogène que l'on pourrait résumer comme une incapacité à pouvoir jeter. C'est un « je ne peux pas lâcher » (qui renvoie à la propreté) mais qui produit l'inverse : finalement les personnes atteintes de ce syndrome vivent dans une grande poubelle. On passe donc de fait du côté inverse de la maniaquerie, et on plonge dans la psychose, celle de ne rien lâcher du tout… parfois, même pas ses excréments, que l'on conserve. On voit bien ici comment la psychose est à l'œuvre. Et pourtant il y a quelque chose là aussi de la question de la séparation ; ce qui prouve bien que vouloir catégoriser l'esprit humain revient à le réduire. Toutefois, il faut bien se donner un cadre pour pouvoir l'étudier et le comprendre. Tout le paradoxe est là. Définir des catégories, des types de pathologie pour pouvoir appréhender la psyché ; et en même temps, ne pas réduire les humains ni les personnages à ces pathologies…

E. J. : Quel peut-être l'intérêt des scénaristes pour créer un personnage avec des TOCs ?

E. S. : Les personnages qui ont des TOCs sont des personnages très attentifs à leur environnement et très perfectionnistes. Ce sont donc des personnages très forts, très intelligents. Comme ils sont très bons dans ce qu'ils font, extrêmement compétents, on a envie de s'identifier à eux. Ils sont souvent d'ailleurs obsédés par la vérité. Ce sont de très bons enquêteurs. Et puis ce sont des personnages avec un gros potentiel comique. Le principe du TOC est par nature très drôle. Pour les scénaristes, c'est l'occasion d'aborder des situations où les réponses seront absurdes. Cela peut générer du comique de répétition en mettant à distance nos propres obsessionnalités, nos propres superstitions ou rituels. Par ailleurs, on a vu que chez les obsessionnels, il y a une volonté de sur-sécuriser leur vie, leur travail, etc. Pour les auteurs, c'est très intéressant ; car ce type de comportement est générateur de nombreux conflits, le personnage étant happé par des choses qui lui échappent.

L'ART DU CONTRÔLE, DE LA MAÎTRISE

E. J. : Que peut-on dire de Bree qui aime cuisiner et qui offre régulièrement des paniers-repas à ses voisines ? Quant à Monica, la cuisine est son métier, elle rêve même d'ouvrir son propre restaurant, que nous raconte le rapport de ces deux personnages à la cuisine ?

E. S. : Elles sont toutes les deux obsédées par la nourriture. Ce qui est intéressant à remarquer chez ces deux personnages, c'est qu'il y a une certaine forme de sensualité qui passe par ce plaisir de cuisiner. Mais si leur rapport à la nourriture est très développé, elles s'y adonnent en le contrôlant : ce sont elles qui cuisinent, donc, elles, qui savent ce qu'elles ingèrent et ce qu'elles donnent aux autres à manger. La cuisine est un moyen pour elles de communiquer. Les personnalités hystériques ont également un rapport à la nourriture très prégnant, mais du côté plus « épicurien » de l'alimentation, plus jouissif, plus instinctif aussi. Pour donner un exemple, une personnalité hystérique qui fera un régime fera des écarts, ce sera plutôt un régime yoyo. Une femme obsessionnelle l'envisagera avec beaucoup plus de sérieux et de constance, si bien qu'elle pourra ainsi perdre le poids qu'elle souhaite perdre, rapidement. Car la jouissance pour elle viendra davantage du contrôle effectué sur son corps à travers le régime. Chez l'obessionnel(le), c'est la compétition, le dépassement de soi qui domine ; bien plus que le plaisir immédiat.

Prenons l'exemple de cet épisode où Monica est énervée d'avoir reçu une mauvaise critique culinaire. Que fait-elle ? Elle se rend sur le lieu de travail du critique pour lui faire goûter un de ses plats : elle ne veut pas en rester là. Elle veut prouver qu'elle est une bonne cheffe. Après le départ du critique en question, démarre un cours de cuisine. Le professeur, qui est une femme, interroge ses élèves sur des éléments de recettes : Monica répond à la question. L'animatrice lui annonce alors qu'elle prend la tête de la classe. Monica est galvanisée d'être considérée comme la première ; si bien qu'elle se confectionne elle-même une étoile argentée que la professeure devra lui remettre si ses recettes sont réussies. Ce qui est intéressant, c'est qu'il s'agit d'un cours de cuisine pour débutants ; ce qui avantage évidemment Monica. Alors, quand Joey réussit parfaitement ses cookies, elle est désarçonnée. Elle avoue être professionnelle de la cuisine et montre sa vulnérabilité à travers le besoin de reconnaissance qu'elle cherche par-dessus tout, dans les compétences dont elle fait preuve. Reconnaissance qui lui est accordée par la professeure qui lui dit adorer le restaurant où Monica travaille. La boucle est bouclée. Jusqu'au prochain domaine où Monica voudra à tout prix prouver sa valeur.

E. J. : La question de l'apparence et de la tenue vestimentaire semble aussi être très importante chez les obsessionnels. Prenons l'exemple de Renaud Lepic de la série *Fais pas ci, fais pas ça*. Comment se manifeste son besoin de contrôle ?

E. S. : Les obsessionnels sont des personnes « très adultes ». Heureusement, ils peuvent également être très séduisants. Mais tout y est réfléchi. Ce sont des personnages très stricts et leur tenue le confirme.

Renaud Lepic incarne le gendre idéal. Rien ne dépasse. C'est « monsieur parfait », « super-papa », etc. Il organise tout, répond bien aux questions, anticipe. Le jour de la rentrée (1ᵉʳ épisode de la série), il se libère pour soutenir sa femme et met en place une organisation au cordeau pour que tout se déroule sans accroc. Comme on est ici dans la comédie, ce sont des traits de caractères qui sont volontairement tirés vers le drôle. On peut retrouver ce type de comportement chez le prince charmant de Cendrillon. La raie au milieu des cheveux bien comme il faut, le costume en place… Le fait est que ces personnages ne présentent pas de fantaisie.

Pourquoi ? Parce que les obsessionnel(le)s sont des personnes qui, d'une manière générale, sont peu en contact avec leurs émotions et surtout avec leurs sensations. Dans mon cabinet, lorsque je travaille avec ce type de personnalités, je les invite souvent à se reconnecter à leur ressenti et à (re)prendre contact avec leur corps. Parce qu'ils ont un rapport au corps qui est un rapport de maîtrise, et non un rapport d'écoute ; ce qui peut s'avérer très positif si ce sont des gens qui font du sport de haut niveau, par exemple, mais dont l'effet peut toutefois être délétère à termes car ils sont bien souvent incapables de répondre à la question « comment je me sens ? » ; d'où des blessures, voire des *burn out*.

E .J. : Dans la série *Sex Education*, le personnage de Jackson est un sportif de haut niveau qui souffre à la fois de la pression familiale et de la pression qu'il se met à lui-même pour réussir à maintenir son niveau sportif. Ce qui est intéressant, c'est qu'il fait appel à Otis pour savoir comment « draguer » Maeve. Il veut à la fois la draguer « dans les règles de l'art » tout en ayant du mal à suivre son cœur puisqu'il est malgré lui dans un contrôle permanent. Il va s'appliquer à utiliser tous les conseils d'Otis, jusqu'au dernier qui était fait pour le piéger et qui sera finalement celui qui marchera. Comment expliquer cette attirance et ce comportement ?

E. S. : Jackson est un jeune homme en quête d'identité, d'amour et de reconnaissance. Issu d'un couple de deux femmes, il n'est pas facile pour lui de se faire une place. Dans ce contexte, la performance sportive lui permet de se forger une identité à laquelle il colle pour exister. Sa part obsessionnelle l'aide beaucoup du reste : elle est ce qui lui permet de se dépasser et de battre des records. Mais Jackson sent bien que cette part de lui l'étouffe également. Il a besoin de « s'hystériser ». Et Maeve est celle qui lui apporte ce grain de folie. Elle est celle qui peut lui permettre de se sentir vivant. C'est pourquoi, bien sûr, il a du mal à se lâcher et qu'il applique à la lettre le plan d'Otis. Son côté obsessionnel et bon élève lui fait relever le défi. Mais c'est sa part sous-jacente un peu plus fantasque qui se révèle lorsqu'il prend goût à chanter et à séduire la jeune femme devant tout le monde, en se mettant en scène. À ce moment-là, il devient vulnérable et quitte le côté sage pour s'aventurer sur des terrains plus « foufous ». Toutefois, comme il est perfectionniste, il ne fait pas les choses à moitié ; ce qui pourrait le rendre ou bien totalement ridicule ou, au contraire, comme il y parvient ici, absolument attachant et irrésistible. Or cette part hystérique chez lui est bien présente en arrière-plan. Elle se révèlera du reste plus tard, lorsque Jackson renoncera à la natation et choisira d'embrasser une autre passion : le théâtre. Ici encore, nous pouvons observer que les personnages, comme nous simples humains, sont faits de plusieurs parties : hystérique, obsessionnelle, etc. Il y a ce que nous donnons à voir au monde, ce que nous croyons être et puis, peut-être, à mi-chemin, ce qui nous ressemble au fond le plus : un mixte de nos nœuds névrotique et psychotique, cette part obscure à nous-mêmes, tapie dans notre inconscient, notre authenticité, celle qui fonde notre personnalité.

ENGAGEMENT SENTIMENTAL

E. J. : Comment les obsessionnels vivent leur vie sentimentale ?

E. S. : La question de l'engagement est très importante chez l'obsessionnel. Dans la vie sentimentale, les obsessionnels sont des gens très agréables, fidèles, bienveillants, ce sont des gens constants et donc très rassurants. Quand il tombe amoureux, l'obsessionnel s'engage, il est très impliqué, très fidèle. D'ailleurs, concernant l'infidélité, il y a peu de chance qu'un obsessionnel passe à l'acte – ou il en vivra une culpabilité terrifiante, donc il n'y aura pas de tromperie dans la durée. Mais si le conjoint le trompe, ce sera vécu comme une trahison. Chez l'hystérique, la tromperie peut être très dure à supporter, il peut y avoir des larmes, des cris, etc. ; mais quelque temps plus tard ce ne sera plus si grave.

E. J. : Cela me fait penser à la série *Ozark* que tu m'as fait découvrir, cette scène incroyable où Marty regarde la vidéo dans laquelle sa femme le trompe tout en la regardant elle, sans rien lui dire, si ce n'est « je suis préoccupé » quand elle se soucie de son état. On sent la colère et l'envie de vengeance. Que penses-tu de ce personnage ?

E. S. : Le personnage de Martin Byrde est un excellent exemple de personnage obsessionnel et cette scène en est l'une des démonstrations. Marty est un homme bien sous tous rapports : père de famille irréprochable, comptable, il a l'habitude de gérer les risques. Très intelligent, il est capable de trouver des solutions rapidement. Et surtout, s'il accepte la proposition qui lui est faite au départ de blanchir de l'argent – lui aurait plutôt eu tendance à refuser l'offre – c'est sous l'influence de son associé et de sa femme. Ce sont eux, qui, d'une certaine façon, le poussent à accepter. Marty n'est pas un homme de risques. C'est un homme de gestion et de calcul. Ce qui compte pour lui, c'est réussir à trouver des solutions et il s'y emploie tout le temps. Sa vie bascule lorsque son associé trahit le cartel pour lequel ils sont censés travailler tous les deux. Marty propose alors de faire amende honorable en mettant en place une opération de blanchiment plus importante afin de sauver sa vie et celle de sa famille. Cet événement se produit au moment même où il découvre que sa femme le trompe. C'est la double trahison pour Marty : son associé a trahi sa parole et son épouse a une liaison. Pour un obsessionnel, faire face à une telle situation est absolument terrible car la fiabilité (et avec elle la fidélité) est l'une des valeurs phares de ce type de personnalité. Marty est acculé, au sens figuré comme au sens propre. Ces événements le reconfigurent au stade anal (ce que la vidéo de sa femme qui se fait prendre par son amant semble souligner de façon subliminale) : ils l'obsèdent littéralement et font rejaillir en lui un surcroît de besoin de contrôle, qui le pousse à vouloir réussir à tout prix.

Évidemment cette série n'est pas sans rappeler *Breaking Bad* et le personnage de Walter White ; sauf que Marty est un homme au fond assez ordinaire qui se retrouve pris au piège des rouages de la drogue, un névrosé dépassé par une situation qu'il n'a pas voulue ; là où Walter White présente une vraie pathologie limite qui se révèle à l'aune de son cancer. Tandis que Marty cherche à sauver sa peau et celle des siens, sans y prendre plus de plaisir que cela (sa femme se délecte bien plus de cette situation, cette femme qu'il aime et qui l'a trahie, problématique névrotique obsessionnelle par excellence), Walter White, lui se révèle à lui-même. Il devient Heisenberg. Or le choix de ce nom n'est pas anodin puisqu'il s'agit de celui du lauréat du prix Nobel de physique de 1932. Walter s'épanouit dans son nouveau personnage, tandis que Marty tente de survivre, sans jouissance, mais dans la punition des mauvais choix qu'il a faits.

E. J. : Comment fonctionne le couple chez un obsessionnel ?

E. S. : Pour les obsessionnels, le regard de l'autre est important. Et c'est cela qui est bien mis en scène dans *Fais pas ci, fais pas ça* ; notamment dans le premier épisode où les couples sont interviewés face caméra. On y voit en effet comment le personnage de Renaud Lepic est assis, dos droit, regard présent : il est impeccable. Sa femme est à la fois un personnage qui entre dans le cadre familial de l'obsessionnalité, mais avec un versant hystérique. D'ailleurs, elle hurle sur ses enfants « à table ! » ! Alors comme la personnalité obsessionnelle va contenir l'hystérique, dans ce couple-là, c'est lui qui la contient et la rassure.

Dans *Friends*, c'est l'inverse. Monica, qui est très obsessionnelle, est en couple avec Chandler qui, lui, est un personnage hystérique. Ça marche très bien. Pour les scénaristes, élaborer des couples obsessionnelles-hystériques, c'est très efficace car il n'y pas une personnalité meilleure qu'une autre mais bel et bien une danse entre les deux. Or cette danse est parfaitement mise en lumière lors du mariage de Chandler et de Monica. Au moment de l'échange des vœux, cette dernière a préparé un texte qu'elle lit avec beaucoup d'émotions, qu'elle contient grâce à cette dernière phrase : « à moins que tu ne le souhaites pas. À ton tour. » Ces mots viennent contrebalancer toute la vulnérabilité qu'elle a donné à voir et lui redonnent la maîtrise, le pouvoir sur ses sentiments. Chandler, quant à lui, refuse le papier que Ross lui tend et sur lequel il avait dû noter ces vœux. Il préfère improviser et laisser parler son cœur, au point même qu'il ne respecte pas le protocole et spontanément embrasse Monica. En bon « hystérique », il se laisse embarquer par ses sentiments et ne cherche pas à les contraindre, au contraire : ce sont eux qui le font sentir vivant.

E. J. : Développons, dans un couple qu'apporte l'hystérique à l'obsessionnel et vice-versa ?

E. S. : Ce qui fait l'alchimie de départ de ce genre de couple, c'est que l'autre est tout ce que l'un n'est pas. Mais ensuite, la difficulté est qu'il faut arriver à se comprendre. L'hystérique va apporter du risque, de l'aventure, du vivant, de la théâtralité et du sensationnel. Ça va être à la fois insécurisant et jouissif pour l'obsessionnel. Parce qu'il y a de la sensualité chez l'obsessionnel, mais cette sensualité lui fait peur. Et donc l'hystérique va lui révéler sa sensualité. L'hystérique va s'émerveiller de beaucoup de choses. Il y a un émerveillement qui se partage. Dans l'autre sens, nous l'avons bien montré, la personnalité obsessionnelle est très rassurante et contenante pour l'hystérique. Elle lui permet aussi de sortir de la théâtralité pour aller toucher, au-delà du vernis ou de la mise en scène, ce qu'elle est vraiment. En ce sens, le pari est osé. Et quand il est gagné, c'est une union multi-potentielle. Mais ce n'est pas toujours aisé !

Ainsi, dans *Sex Education*, le couple Jackson-Maeve est finalement un échec. Maeve reproche à Jackson de ne pas savoir exprimer ses sentiments auprès de sa mère, tout en lui reprochant d'être « trop », sous-entendu « trop dans la maîtrise » avec elle. Jackson, qui apparaît comme un amoureux rassurant, protecteur, quasi « parfait », se fait rejeter justement pour ces qualités. L'effet sur le spectateur est très fort car on peut aisément s'identifier aux deux personnages : celui qui se présente comme bien sous tous rapports mais qui a du mal à assumer pleinement son désir aux yeux des autres et à l'exprimer, celle qui souffre de ne pas aimer l'homme qui, pourtant, lui conviendrait absolument. Car Maeve a besoin d'être cadrée et contenue, au risque de se brûler les ailes, telle Icare. Si Maeve est une jeune femme attachante parce que rebelle au passé compliqué, elle tient presque davantage du profil borderline abandonnique qu'à proprement parler hystérique : une mère toxicomane et un père qui est parti. Mais les personnalités borderline ne sont pas toujours éloignées de certaines formes d'hystérie : affleurent souvent chez elle une hypersensibilité importante ainsi qu'un goût pour le danger et le risque.

E. J. : Pour conclure, peux-tu parler d'un personnage clivé comme Clark Kent, qui contient les deux parts des névroses hystérique et obsessionnelle ? Je trouve cela intéressant, car, comme tu l'as dit, nous avons souvent plusieurs parts en nous.

E. S. : Il est intéressant de citer ici le personnage de Clark Kent, juste après celui de Maeve. Car je pense que Clark/Superman se rapproche davantage d'un personnage état-limite que d'un personnage névrosé. Ce qui caractérise les états-limites, c'est un clivage du moi. Celui-ci consiste dans la coexistence d'une reconnaissance de la réalité et, en même temps, de sa méconnaissance. Les aménagements limites conservent deux territoires : un premier qui est adapté à la réalité, pseudo névrotique (ici le côté obsessionnel de Clark Kent, avec ses petites lunettes et son image de gendre idéal), et un autre plus utilitaire, servant de faire-valoir (la toute-puissance de Superman).

Alors bien sûr, l'héroïsme de Superman porte en lui une forme grandiose et théâtrale qui peut faire penser à l'hystérie. Toutefois, il est très décorrélé de la réalité que nous autres, pauvres humains, appréhendons au quotidien. Superman nous surpasse. Il est proche de Dieu. En ce sens, il s'apparente à l'adolescent qui se prend pour un adulte mais qui n'a pas encore intégré le principe de réalité et qui prend ses rêves pour argent comptant. Il n'est pas à proprement parler hystérique. Ceci dit, une des scènes de la série *Loïs et Clark* pourrait aller dans le sens d'un versant hystérique. Il s'agit de la séquence où Loïs aborde la question de « la chose » avec Clark, à savoir la sexualité. Il semblerait que Clark soit puceau ; ce qui serait tout à fait compatible avec un profil hystérique. La figure type de l'hystérique, nous la retrouvons chez Angela, le personnage qui fait fantasmer Lester Burnham dans *American Beauty*, le film de Sam Mendes : jeune femme très séductrice et pourtant vierge, ayant peur de la sexualité.

Chez Clark Kent, alias Superman, nous retrouvons une problématique de ce type : le jeune homme se veut hypersexuel : en justaucorps moulant et collants, et pourtant, il est visiblement vierge. Autrement dit, il présente une sexualité affichée mais non consommée et donc « mise en scène ». Toutefois, en disant cela, et en étudiant les deux personnages (Angela et Clark), il me semble que pointe à travers eux deux, au fond, la problématique adolescente du passage à l'âge adulte (et avec lui de l'entrée dans la sexualité). Pas étonnant donc que les personnages de super-héros attirent les ados, car ils portent en eux tous les questionnements que pose l'adolescence : la transformation corporelle, le désir de toute puissance, la découverte du principe de réalité, la rébellion envers l'ordre établi et, sur un plan psychique, la possibilité de repasser par les différentes phases des premiers temps de la vie : stade oral, stade anal/sadique-anal/, stade génital, avec la possibilité de toucher, à l'intérieur de soi, ses propres nœuds psychotiques (d'où certaines décompensations adolescentes et l'émergence de certaines maladies) et névrotiques… pour peut-être à termes, si ce n'est se fixer, du moins s'installer en partie dans une structure psychique plus ou moins définie. Voilà pourquoi on peut à la fois dire de Clark qu'il est une figure obsessionnelle et hystérique et en même temps nuancer ce propos, puisque ce qui le définit probablement avec le plus de justesse possible se situerait davantage du côté de la personnalité limite.

Emmanuelle JAY et Emma SCALI

RUBRIQUE LIVRES

Sandra LAUGIER, *Nos vies en série. Philosophie morale d'une culture populaire*, Paris, Climats, 2019.

Que se passe-t-il quand la philosophie s'intéresse aux séries ? Comment ces deux univers, a priori si éloignés, pourraient produire, en se croisant, un champ nouveau et fécond d'investigation ?

Certes, les philosophes se sont depuis longtemps déjà emparés de l'art dans leurs œuvres, et du cinéma en particulier, comme Deleuze avec *L'image-temps* et *L'image-mouvement*, mais la série ? Si elle souffre encore d'un complexe d'infériorité face à son aîné, le septième art, cette classification vole en éclats avec *Nos vies en série*.

Le pari osé de Sandra Laugier est de confronter sa pratique de la philosophie à l'épreuve de sa sériephilie. Car c'est bien d'une pratique dont il s'agit, plus que d'un aride exposé théorique.

Sandra Laugier, professeure de philosophie à l'Université Paris 1 Panthéon-Sorbonne et membre de l'Institut universitaire de France, a fait rentrer dans son champ d'études philosophiques des objets inédits, comme le langage ordinaire, les études de genre et la série, faisant partie de la culture dite populaire. Elle a aussi été chroniqueuse pour le quotidien *Libération*, et est l'auteure d'une dizaine de traductions du philosophe Stanley Cavell, dont elle fait abondamment usage dans cet ouvrage.

L'engouement des séries n'est plus à démontrer. Elles ont envahi nos écrans, soit sur des plateformes, soit en rendez-vous hebdomadaire sur une chaîne de télé, sur support DVD ou encore en téléchargement, légal ou illégal... Il serait de mauvaise foi d'ignorer ce raz-de-marée et la culture comme la communauté qui se sont construites autour au fil du temps. C'est en s'emparant de ce phénomène que Sandra Laugier, elle-même « accro » à ce format, développe une réflexion audacieuse et accessible en se servant de ses outils de philosophe.

« Ce qui m'a d'emblée passionnée dans les séries, et conduite à écrire régulièrement sur le sujet, c'est leur façon de produire et d'être de la philosophie, de façon directe. » (p. 30) À l'instar du philosophe américain Stanley Cavell, prenant au sérieux le cinéma hollywoodien en observant ce qu'il avait à dire au spectateur, Sandra Laugier observe ce que les séries ont à nous dire, comme elle le ferait pour un grand philosophe, tel Hume ou Descartes. C'est ce changement de perspective qu'elle opère dans sa réflexion sur ce phénomène devenu si populaire. Refusant la position du critique surplombant qui perçoit la série comme un sous-produit culturel, elle part de sa propre expérience de spectatrice assidue. Elle peut mettre ainsi au même niveau *This is us* et *Buffy contre les vampires…* que *La critique de la raison pure*.

Sandra Laugier, qui a grandi avec le cinéma, mais aussi avec les séries, distingue plusieurs vagues dans l'évolution de ce genre. La première, avant et jusque dans les années 80 *(Starsky et Hutch, Columbo, Magnum, etc.)* est la plupart du temps construite autour d'un héros ou d'un duo de personnages, souvent caricaturaux. Puis les années 90 constituent un nouvel essor avec de grands classiques comme *ER (Urgences), Friends*, où le scénario s'articule autour d'un groupe. Au tournant du siècle, avec l'apparition du câble – payant pour le spectateur – apparaît une nouvelle fournée extraordinaire, *Twin Peaks, The Wire, Les Soprano… Des sujets variés, des formes visuelles et narratives inédites liées à l'ambition et les moyens investis dans ces créations ont finalement radicalement révolutionné le medium.* Aujourd'hui nous en sommes à la quatrième vague, avec *Game of Thrones, The Walking Dead*, ou *The Americans*, des séries produites directement par les géants du numérique (Netflix, HBO). Désormais les acteurs circulent facilement et sans complexe entre le petit et le grand écran, comme le prouvent les Golden Globes récompensant Adam Driver, pour sa prestation dans *Girls* et dans *Star Wars*. Le rapport aux séries qui se tisse et leur fréquentation régulière produisent une sorte de philosophie directe, tant elles se sont imposées dans nos vies ordinaires et deviennent un objet de discussion quotidien. « La série télévisée fait partie indissolublement de la vie privée et du domaine public, elle est une interface », écrit Sandra Laugier (p. 43).

Les séries transmettent donc des valeurs, une conception du monde, des personnages singuliers qui sortent des archétypes et se retrouvent confrontés à des situations complexes et élaborées poussant ainsi le spectateur à s'impliquer et à s'engager éthiquement pour tel ou tel choix, tel ou tel personnage. Ainsi l'avait fait en son temps le philosophe américain Stanley Cavell dans son ouvrage *À la recherche du bonheur :*

Hollywood et la comédie du remariage, que Sandra Laugier a traduit. Cavell a une vision toute personnelle de l'important, à contre-courant de l'idée de qualité culturelle. Le propre de la pensée américaine se trouve dans son invention de l'ordinaire qui trouve son accomplissement dans le cinéma hollywoodien. La culture populaire est désormais positive, car elle peut nous changer. Il s'agit d'une sorte d'éducation de soi par les valeurs qui sont transmises dans ces œuvres discutées et investies par le public, une « éducation inséparablement subjective et publique », écrit Sandra Laugier (p. 93).

Matériau inépuisable et expérience directe, la série produit par elle-même quelques concepts essentiels que la philosophe met en lumière. Par exemple, le *care* est une notion fondatrice pour comprendre l'interaction entre nos vies et les séries. Prenant appui sur *Urgences*, Sandra Laugier constate combien le souci du soin se décline en plusieurs strates. Tout d'abord, littéralement c'est bien le soin qui est au cœur du concept puisqu'on suit une équipe médicale dans sa vie quotidienne à l'hôpital. Mais au-delà, nous nous attachons aux protagonistes. Le visionnage régulier des épisodes provoque chez le spectateur un attachement réel à ces personnages fréquentés sur le long cours, qui observe leur évolution physique et morale dans la temporalité longue des saisons.

La vie démocratique, le politique comme bien commun ont aussi trouvé un endroit où s'exercer à travers de nombreuses séries directement immergées dans le monde politique *(House of Cards)*. « La formation à la démocratie par les séries est certainement un nouvel espoir dans un monde où des "valeurs" antidémocratiques sont développées par de nombreux régimes politiques. », poursuit Sandra Laugier (p. 71). Les thématiques politiques ou sécuritaires, comme dans *Homeland, Le Bureau des légendes*, ou *House of Cards* aiguisent notre sens éthique et sont un véritable lieu de démocratie collective. Elles permettent au spectateur de pénétrer dans des milieux inaccessibles pour lui et d'acquérir un savoir objectif dans de nombreux domaines. Pour le néophyte, ces œuvres deviennent des outils d'éducation par leur capacité réflexive, et contribuent à l'*empowerment* du public, avec une réelle influence sur nos opinions politiques.

« Les héroïnes des séries télé ont bien changé, depuis qu'elles ont gagné leur première place au générique. Elles ne sont plus très jeunes ni même très mignonnes (...) Ces femmes (...) ont d'abord pour caractéristiques l'intelligence, l'ambition, voire l'obsession professionnelle, le désir de perfection personnelle, et conduisent leur vie sans attendre le Prince charmant. », note Sandra Laugier (p. 153). À travers la représentation de la femme dans quelques titres emblématiques comme *Buffy contre les vampires,* ou *The Handmaid's Tale (La servante écarlate)* Sandra Laugier analyse l'évolution du féminisme qui s'incarne à travers des héroïnes qui sont de plus en plus affranchies des attentes sociales et peuvent même s'autoriser à être déviantes, dangereuses, puissantes, solitaires, attributs jusqu'ici surtout incarnés par les héros masculins. Ce féminisme rejaillit dans la vie courante et contribue à l'émancipation des femmes qui se construisent au fur et à mesure une nouvelle image et de nombreuses possibilités d'elles-mêmes.

Avec des constats souvent simples et objectifs, le lecteur est amené à réfléchir à son rapport au temps, un enjeu aussi important en philosophie que dans les séries « Un téléspectateur qui suit une série depuis le début peut vivre avec ses personnages pendant cinq ou sept années, voire plus. C'est considérable : il y a peu de personnes, dans la réalité, que l'on accompagne aussi longtemps. », note Sandra Laugier (p. 129). La succession des épisodes rend visible le passage du temps. À la fois parce que les personnages peuvent évoluer physiquement (*Game of Thrones*), mais aussi parce que dans sa durée, ses nombreuses « saisons », il est aussi associé à une tranche de vie pour le spectateur. L'expérience personnelle du spectateur est alors alimentée par l'expérience de la série et surtout de ses personnages, dont l'existence lui importe et dont les actions ont une portée morale immédiate.

L'addiction aux séries, l'attente fébrile de l'épisode suivant ou d'une prochaine saison, le « binge watching » ou l'agacement du spectateur devant Netflix qui enchaîne les épisodes avant même que le générique de fin soit entièrement déroulé sont des réactions communes à l'amateur de série. Ces postures, Sandra Laugier les connaît bien et les évoque, et le partage de ces tics la rapproche du lecteur et rend ainsi son analyse incarnée.

La grande qualité de cet ouvrage-somme c'est qu'il est à utiliser comme un manuel. Peu importe si le lecteur ait vu ou pas toutes les séries dont il est ici question, ce qui compte c'est de comprendre comment la série peut devenir un objet philosophique du et au quotidien. Le spectateur aura acquis des outils pour considérer les séries sous un nouvel angle, une fois le livre refermé. Cette méthode philosophique pourra s'appliquer au fil de l'actualité infinie des séries et ainsi développer son acuité. *Nos vies en série* est un ouvrage fondateur, à la fois un manuel pour sériephile en quête d'analyse des enjeux éthiques ou politiques sous-jacents, mais aussi pour toute personne qui s'étonnerait encore que la série génère tant de fans et d'engouement. À mettre entre toutes les mains, donc.

Hélène JOLY

RÉSUMÉS/*ABSTRACTS*

Emma SCALI, « Fin de série… »

Les séries nous rassurent par leur récurrence. Nous en comprenons les codes et aimons y retourner. Certaines séries auront une fin choisie par les auteurs de façon délibérée, pour finir un cycle. D'autres seront simplement arrêtées, faute d'audience, comme des « ruptures ». De façon inconsciente, la fin des séries nous renvoie intimement à la question de notre propre finitude. À la mort.

Mots-clés : répétition, cycle, rupture, finitude, mort.

Emma SCALI, *"TV series: end of line…"*

TV shows reassure us by their recurrence. We understand their codes and we like to go back again and again. Some series get a specific end, chosen by their creators, to finish a cycle. Others are just cancelled, due to a lack of audience, like a "break up". In an unconscious way, the end of a TV show has something to do with the intimate question of our own mortality.

Keywords: repetition, cycle, break up, finitude, death.

Claire CORNILLON, « *"Our memories I'll treasure forever"*. La fin de *Clair de Lune*, *Urgences* et *Ally McBeal* »

Les séries induisent une connaissance intime des personnages ainsi qu'un lien émotionnel particulièrement fort avec eux. Cet article étudie des séries réflexives, qui ont conscience des processus de leur propre fin, et construisent un discours d'accompagnement des publics dans leurs derniers épisodes pour qu'ils fassent leur deuil. Cela se marque par l'exploration de la mémoire de la série, par le retour de personnages centraux ou par une thématique directement liée au deuil.

Mots-clés : émotions, soin, réflexivité, deuil, mémoire.

Claire CORNILLON, *"Our memories I'll treasure forever'. The end of* Moonlighting, E.R. *and* Ally McBeal"

TV Series imply an intimate knowledge of their characters and a strong emotional connection with them. This paper studies series which are aware of the process of their own ending, and build a discourse which accompanies the audience during their last episodes for the viewers to grieve. It can happen through the exploration of the memory of the series, through the return of main characters or through the theme of mourning.
Keywords: emotions, care, metafiction, loss, memory.

Pierre LANGLAIS, « Partir un jour »

Pendant un an, Pierre Langlais, journaliste à *Télérama* a parlé avec des autrices et auteurs de séries de leur processus créatif, notamment de la phase de « deuil » qui accompagne la fin d'une œuvre. Dans cet article, il revient sur l'instant où cinq d'entre eux, Michaela Coel, David Simon, Fanny Herrero, Ray McKinnon et Shawn Ryan, ont partagé avec lui ce moment douloureux mais souvent libérateur, et le maelström d'émotions contradictoires qu'il provoque.
Mots-clés : réalisateurs, réalisatrices, processus créatif, deuil, libération, émotions.

Pierre LANGLAIS, *"Leaving one day"*

During one year, Pierre Langlais, TV journalist for Télérama, *interviewed showrunners about the creative process, and particularly the grief step that goes with the end of a work. In this article, he stresses on the moment where five creators, Michaela Coel, David Simon, Fanny Herrero, Ray McKinnon et Shawn Ryan, shared with him this painful instant of ending their series, which is also a liberation, and their mixed feelings about it.*
Keywords: showrunners, creative process, grief, liberation, emotions.

Vladimir LIFSCHUTZ, « Des fins à la carte ? De la "reformulation" à l'émancipation de la conclusion »

Cet article étudie les formes de la « reformulation » d'une série, entendue comme un changement irrémédiable qui amène une évolution de la formule initiale. Il ne s'agit pas de révolutionner cette formule, mais de lui permettre de se renouveler, tout en conservant les attributs essentiels à son existence. Les raisons d'une reformulation sont multiples : ménager des portes d'entrée pour les nouveaux téléspectateurs, redynamiser une œuvre, ou permettre à la fiction d'évoluer pour ne pas lasser.

Mots-clés : formule, évolution, reformulation, déformulation, liquidation.

Vladimir LIFSCHUTZ, *"Choosing the end? From 'reformulation' to the emancipation of a conclusion"*

This paper examines the notion of "reformulation" of a TV show, which is an irreversible change leading to an evolution of the first formula. It's not about the revolution of this formula, but its renewal and the conservation of its main attributes. The causes of a reformulation are various: let new viewers in, reboost the show, or let the fiction evolve in order to still be interesting.

Keywords: formula, evolution, reformulation, deformulation, shutdown.

Solène POYRAZ, « *Ethos* : le silence est-il d'or ? »

Le dernier épisode de la série turque *Ethos* (*Bir Başkadır*), saturé de paroles, vient en contrepoint d'une série qui avait jusque-là valorisé le silence car sa démarche psychologique examinait beaucoup de tabous indicibles et de polarisations de la société turque. Son dénouement force un happy end qui a libéré la parole et déclenché un vif débat dans le pays.

Mots-clés : tabous, sentiments, paroles, polarisations, débat.

Solène POYRAZ, *"Ethos: the cost of silence"*

The very talkative last episode of the Turkish show Ethos (Bir Başkadır) *works in contrast with the other episodes which were silent. Because its psychological perspective examined powerful taboos and polarizations within the Turkish society. Its happy ending liberated the language et ignited a strong debate in the country.*

Keywords: taboos, sentiments, words, polarizations, debate.

Emmanuel TAÏEB, « Les cent fins de *Rectify* »

À l'image de son héros, Daniel, qui essaie de renouer avec la vie, le dernier épisode de *Rectify* suggère qu'il est possible de se réconcilier avec le monde après la fin d'une série, en acceptant ses limites. En proposant plusieurs « fins » au cours de son récit, avant ce dernier épisode, la série peut ne pas se conformer aux passages obligés et s'offrir un dénouement très libre. L'épilogue ne lève pas tous les mystères et acte au contraire que la fiction ne peut pas tout.

Mots-clés : pertes, liberté, révélation, fins, cadrage.

Emmanuel TAÏEB, *"The many endings of* Rectify*"*

In Rectify*, as the hero, Daniel, tries to reclaim his life, the last episode suggests that it's possible to reconnect with the world after a TV shows has ended. By giving multiple « endings » during its narration, before the final episode, the program can avoid the mandatory stages and offer an open denouement. The outcome doesn't unveil the mysteries and tells that fiction is not almighty.*

Keywords: losses, freedom, revelation, endings, framing.

Gilles VERVISCH, « Le *spin-off* ou les limbes des séries »

Le *spin-off* est une série dérivée d'une autre, souvent créée à partir d'un personnage secondaire de sa « série-mère ». Dans ce sens, le premier *spin off* de l'histoire est peut-être *L'Odyssée* d'Homère, la suite de *L'Iliade*, et le dernier, *House of the Dragon*, le préquel de *Game of Thrones*. Peut-on faire du neuf avec du vieux ? Le *spin-off* n'est-il qu'un moyen désespéré de maintenir une série sous respiration artificielle ? Une fausse bonne idée ? Ou une vraie bonne source d'inspiration ?

Mots-clés : franchise, résurrection, ressemblance, passé, âme.

Gilles VERVISCH, *"The spin-off as limbo"*

A spin-off is a TV show derived from already existing work, often created from a supporting character of the original program. In this sense, the first spin-off in history is maybe Homer's Odyssey*, that follows the* Iliad*, and the last one is* House of the Dragons*,* Game of Thrones*' prequel. Can one do something new with something old? Is the spin-off a desperate way to give artificial respiration to a show? A false good idea? Or a real source of inspiration?*

Keywords: franchise, resurrection, resemblance, past, soul.

CLASSIQUES GARNIER

Bulletin d'abonnement revue 2022
SAISON
La revue des séries
2 numéros par an

M., Mme :

Adresse :

Code postal :   Ville :

Pays :

Téléphone :   Fax :

Courriel :

Prix TTC abonnement France, frais de port inclus		Prix HT abonnement étranger, frais de port inclus	
Particulier	Institution	Particulier	Institution
29 €	37 €	38 €	44 €

Cet abonnement concerne les parutions papier du 1er janvier 2022 au 31 décembre 2022.

Les numéros parus avant le 1er janvier 2022 sont disponibles à l'unité (hors abonnement) sur notre site web.

Modalités de règlement (en euros) :

    Par carte bancaire sur notre site web : www.classiques-garnier.com
    Par virement bancaire sur le compte :
    Banque : Société Générale – BIC : SOGEFRPP
    IBAN : FR 76 3000 3018 7700 0208 3910 870
    RIB : 30003 01877 00020839108 70
    Par chèque à l'ordre de Classiques Garnier

Classiques Garnier
6, rue de la Sorbonne – 75005 Paris – France
Fax : + 33 1 43 54 00 44
Courriel : revues@classiques-garnier.com

mis à jour le 26/08/2021

Abonnez-vous sur notre site web :
www.classiques-garnier.com